味つけはせんでええんです

土井善晴

まえがき

レシピとは人の物語から生まれたお料理のメモ。他人のレシピは他人の人生から生まれたもの。でも本来、料理は自分の人生から生まれてくるものです。それがあなたの料理です。つたなくっても、自信がなくっても、私はいいと思います。「味つけせんでええ」というのは、それを大切にすることだと思っているのです。一生懸命お料理すればそこにあなたがいる。お料理するあなたが、あなたを守ってくれるのです。

食べるものはなんでも売っているから、別に料理なんてしなくていい、そのほうが合理的だって考える人も、きっといるのでしょうね。でもそれは自立していない、だれかのお世話になっているのです。そこに本当の自由はないのです。

地球の上で、大昔から命をつないできた物語という縦軸と、今を生きるみんなの中にいるという横軸が交わるところに、自分はいるのです。料理をすれば、自分が何者かがはっきりわかるはずです。

料理したときはわからなくても、翌年、またその料理をつくるときがくれば、その物語はよみがえります。ちゃんと生きていたんだなあって思えたら、涙が出てくるかもしれないけれど、その涙は未来に生きるあなたを励ましてくれるに違いありません。

ここに収められているのは、ミシマ社の『ちゃぶ台』という雑誌から依頼を受けて書いてきたことです。『ちゃぶ台』は、「今」という一瞬に、編集長の三島邦弘さんが社会から感じ取ったキーワードをテーマにして、一年に二回発刊される雑誌です。

私は料理研究家ですから料理を研究しています。私は料理を言語化したいと思っています。雑誌という気楽さもあって、そのテーマが含まれる世間の感じから思い浮かぶことを書いてきましたが、それはまさに、その時々に私が考えていたことです。それがみなさんの体のどこかと共鳴すればいいなあと思います。

おいしいってなんだ。基準ってなんだ。生きるってなんだ。料理から人間は考えることができるのです。料理にはなんかあるんですね。それをみなさんも一緒に考えてくれたらうれしいです。

もくじ

1

料理という人間らしさ

中学三年生との対話

ＡＩ（人工知能）の進化は加速度的に速くなっています。いずれ人間の仕事のたいていのことは、ロボットやＡＩにとって代わられると言われています。いや、それはもう始まっていますね。これから、もっと進化して、人間を喜ばすおいしい料理もＡＩがつくれるようになる、と考える人もいるようです。ＡＩと人間の関係は人間の未来の問題です。

先日（二〇二〇年八月）、愛知県の中学三年生の女子に「ＡＩと食の未来」というレポートを書いているからと、インタビューを受けました。修学旅行の機会に面談する予定でしたが、コロナ禍になって、Ｚｏｏｍで行いました。一時間ほどかけて、ＡＩの未来と食の未来は同じではないこと、同じであってはならないという私の持論を慎重に話しました。彼女はとても優秀で、ちゃんと理解して、納得してもらえたと思います。自分でも、手順を踏んで、うまく説明できたなあと思ったんです。

だから、そのとき話したことを、そのままここに書けばよいと思っていたのですが、いざ書き始めるとうまくいかない。大勢の人が読むと考えると、だれもが納得できる説明が必要で、言葉が足りなくなります。そんなことは、だれでも知っていることですが、文章を書くというのは、話すこととはまったく違うコミュニケーションだとあらためてわかったのです。

それにしても、人間の直観はとても深いところでつながるものですね。パソコンの画面を通してですが、目の前にいる彼女の直観に手伝ってもらいながら、話していたようです。だから愛し合う二人に言葉はいらない、って言うのでしょうね。彼女は気づいたのです。

ただ、彼女自身がそれをレポートにして提出する際には、なぜ理解できたのか、その理由を添えて、納得にいたる考察の過程を示さなければならないわけですから、とても難しい仕事になると思います。でも、彼女は私との対話によって考えが変わりました。それまで、ＡＩは人間の食に深くかかわるもので、逃れられない人間の食行為である料理を、合理化できる、あるいは、すべきものと考えていたのです。

本当に「わかる」ということ

先日、フランスのニュースを見ていたら、「また、日本人が日本人らしいものをつくりました」といって、人型ロボットを映していました。そのように、AIを擬人化してみるのは日本人だからでしょうか。そもそも鉄腕アトムのような人型ロボットが好きなんです。高山寺の「鳥獣戯画《ちょうじゅうぎが》」はその代表で、動物を人間のように見る。「八百万《やおよろず》の神」もそうですが、古い道具にも「つくも神」として魂が宿ると考える癖《くせ》があるようです。その傾向は大いにあります。

そうした観念的な情緒は、人間と自然、人間と道具といった関係性に生まれます。人間は偉くなるとなんでも一人でできると勘違いしがちですが、ロボットだって一人ではなにもできない。だれとも関係がないなら、そのロボットをつくる発想さえ生まれません。

彼女の考えが変わったというのは、なにかを学んだということです。数学者の岡《おか》潔《きよし》はその要訣《ようけつ》を情緒と言ったのです。人間がなにかを学ぶということは、理論だけでは不十分、情緒をもって総合的にわかるのです。

岡潔は人間の「わかる」を三つの段階に分けて説明します。まずは、「事柄がわかる」こと。あれは山である、川であるというわかり方です。その次が、意味がわかる「理解する」というわかり方。しかし、これでも不十分です。さらに進んで「情緒がわかる」まで行かないといけない。ここまで行かなければ、なに一つ本当にはわからない。

「食とはなにか」という問いに対する回答は、すべてのことにかかわるのです。日常のすべて、時間のすべて、この世のすべてです。時空を超えてということだと思います。それを本当にわかるということを、直観的にやってのけるのですから、生身の人間はすごいですね。なにかを瞬間的に摑《つか》んでしまうのです。

その直観を得るために、私たちは情緒に注目し……柔道、茶道のような……道中の振る舞い（動詞）を大事にするのです。それは目標ではありません。私は料理を本で学んだのではありません。自然や人間との関係にある、料理という道中に学んだのです。

見た以上は、学びなおさなければならない

元・読売ジャイアンツの長嶋茂雄監督はどなたもご存じでしょう。彼は理論ではなく直観的にイメージを伝え、指導しました。指導された選手は、なにかに気づけば瞬間的に変わり、ヒットが打てる。理論的に理解してもわかる（ヒットが打てる）にはいたらない。理屈で学者にはなれても、現実は理論だけでは、まったく不十分なんですね。尊敬する人の感覚的な指導がアバウトだからこそ、両者が共有するものを土台

に、アドバイスを受ける者の……機前に起こる強い積極性を促して……直観は導かれるのです。

民藝の美を発見した柳宗悦《やなぎむねよし》もまた直観でものを観ました。柳は理論で美は観えないと言い切ります。目を凝《こ》らさなくても、じっと見つめ続けなくても、すでに観えているのです。観えるとは、観たものと、観る人のなにかが結びつくことなのでしょうね。美の存在(気配)に気づけばいいのです。観えることは喜びです。うまく言えませんが、肉眼で「見える」(感覚所与)ものと、刺激に反応する豊かな悟性《ごせい》の活《い》きによる情動。「観える」ものから湧き上がる情動の存在を信じて経験を重ねれば、だれにでも観えてくるものだと思います。

スポーツ、美術に並んで、料理はどうか。料理も同じく理論ではないとここに書こうとしたのです。ところが、すんなり書けない。言葉にはしにくい。そんなことは前から知っていたことのはずですが、それもまた、今、気づいたのです。知っていることでも、知っているだけでは、本当はわかっていないのです。知っているから、わからないのです。自ら気づくことは、感受性。簡単なことでも、自分で気づかなければ、身につきません。本当にわかるとは、自ら気づき、自分が変わることです。

現代人は知りすぎているのだと思います。なにも知らなければ気づくことができたかもしれません。柳宗悦とともに民藝をつくった濱田庄司《はまだしょうじ》の工房に、地方のある陶芸の里から若者が勉強に来た日のことです。そのとき、濱田は彼に「君はもう見たんだよ」と言ったのです。見なくていいものを見てしまったんだと言うのです。彼にとって見ないほうがよかったかもしれません。彼にとって見ることは、すでに持っているものを捨てることになるからです。

捨てなければ摑めない。見た以上は、すべてを学びなおさなければならないと言っているのです。そこから、若者の陶芸家としての道が始まるのです。どうでしょうか……彼の将来の膨大な学びを想像してみてください。

現代人は知りすぎている

料理は大いに美の問題です。美とはなにかを言語化することができないのと同じで、料理はじつに複雑です。料理はとても身体的ですが、知識も、知恵につながる経験も必要です。料理がわかるということを、ひと言で表そうとしましたができません。科学でわかるものを超えているものなんですね。それを、これから書こうとしているのです。

料理がわかるというのは、最終的には、自分が食べる、家族が食べる料理を、四季の移ろいや家族の必要に応じて自在につくる、暮らしの喜びにあります。ここに、一つのゴールを示しておきます。もっと大きなゴールがまだ先にあると思います。

気づくためには、自分はなにも知らないことを知ることだと思います。知っているつもりにはなれます。知る、わかるには、軽重があります。でも気づくことに、軽重はありません。気づくことは、もっとも尊いことだと、今、気づきました。気づきは万能ですね。

現代社会には、食べものの情報が溢れています。そういう意味で、もうみなさんはなんでも知っているのです。あらゆるレシピ、料理の新しいテクニックも、食材やスパイスのことも、味覚の科学、栄養や健康（ダイエット）、体によくない食べもの、おいしいレストランにいたるまで、食に関するあらゆることを知っています。それに、食事や料理が人間にとって大事なことも知っているでしょう。情報を利用してお料理をしたり、美食を楽しまれている人も大勢います。

でも同時に、情報がありすぎることによって、料理すること、食べることさえも苦しみになることがあります。現代の食はあらゆる問題の種でもあるわけです。そしてそれらの問題は、そういった情報をいくら知っても、なにも解決しません。

今日の私は、そうは言わない

だれでもそうだと思いますが、私は話す相手によって、話すことも、態度も変わってしまいます。未熟ですから、いつも紳士ではいられません。大人や子どもといった相手の年齢だけでなく、場（ある環境のある状況）に反応して、話す内容は当然変わります。「うちではほんまゴンタやのに、この子は外面《そとづら》がええなあ」と子どもの頃から言われてきましたが、たしかに調子がいいのです。これを処世術に長《た》けているといえば、みんなとうまくやっていく人間の必要ですから、イメージがよくなります。「おへそが背中についている」と言われるほどのへそまがりでした。今も直りません。お店で「これは今流行《はや》っていますよ」なんて勧められると、嫌になって絶対に買いません。ほかの人と同じでいいでしょって、そんな勧め方はおかしいと思っています。あらたまった宴席で決まりごとを言わなければならない祝辞は、まったく苦手です。

番組でも、台本があって、話すことが決められるとまったくだめです。だめというのは、感情移入ができなくなってしまうのです。棒読みになる。ですから台本どおり演じて笑いをとれる芸人さんや、芝居を演じる俳優さんはすごいなあと尊敬します。

アメリカのアカデミー賞などの授賞式を見ていると、彼らのスピーチのうまさに驚かされます。私の知るフランス人は、スピーチだけでなく対談などフリートークの場でも、オフィシャルなものは、話す内容を文章に書いて、手元に置いて話すことが多いように思います。それが、見事に感情表現をともなった名演説になるのです。日本にそういう人は少ないように思います。彼らは「文字」と「言葉」が一緒になっているのです。私の場合、読むと、妙に力んで、感情が空振りしてしまう。「文字」と「言葉」が一緒にならないのは、本を読まなかったからだと思っています。本をよく読む人は訓練されていて、書かれた文字と感情をつなげることができるのでしょう。朗読や旅番組などのナレーションもそうですね。これも苦手で噛みまくります。

なのに、人から、話が上手だと言われることがあります。それが疑問です。どうして？　って考えるのです。たぶん、うまく話せているときというのは……なにも考えないで話しているときです。料理番組にも、進行上の必要で台本があるのですが……ディレクターに叱られますが……台本を読まない、読みたくないと思っています。その言葉が私の言葉ではないからです。「いや、先日そう言っていましたよ」って言われても、今日の私は、そうは言わないと思います。

ディレクターが番組開始のカウントダウンをします。「五秒前!」の声を聞いても、自分がなにを話し出すか、なにも考えていないから知らない、わからない。危険なことかもしれませんが、そうすると言葉が生き生きしてくるというか、「そんなり」でいられるんです(「そんなり」とはノーメークのこと)。不意に出てきた言葉に自分でもびっくりして、うれしくなるのです。番組を引っ張るのは変化する料理ですから、どんなにお膳立てしていても、料理が番組を支配します。私は料理と対話しているのです。

料理から逃げないほうがいい

ところですみません。これなんの話でしたっけ? ……まっいいか……もう少しこのまま進めます。私の場合、書くことも同じで、このことについて書こうと書き始めても、違うことを思いついて、すぐ横道に逸《そ》れる。計画的ではありません。

その横道は、初めての道で、おもしろいものがありそうだと思うと、ここでやめるのがもったいなくなって、ボツにしてもいいから、ある程度書くのです。じつは、今もこれを書きながら、その兆候を感じています。こんなことは、だれにでもあることなのでしょうか。私の場合、それをうまくコントロールできない。だから、やたら時間がかかるのは、これではいけないと気がついてから、書き直すからです。

この原稿がボツにならなかったのは、最後に料理とつながったからです。書きながら気づいたのですが、話すこと、書くことに起きる一連の感覚が、料理を考える、料理をする感覚と似ているなあ、いやほぼ同じだと思ったのです。

料理するとき、材料を見て、なにをつくろうかと思うわけです。たとえ、自分のレシピであっても数字を参考にすると、私が台本に書かれていることを読むのと同じで、文言に囚《とら》われて感性がオドオドして、働かなくなるのです。

それって、なにも考えなくてよいから、楽ちんなんですね。おいしいレシピどおりにつくるという結果だけを目的にすると、機械的な作業になって、自分のつくる料理でも、無関心、無責任でいられるんです。でも、演劇やスピーチの目的は、結果ではなく、演技する、話すという時間にあるものです。料理もまた同じだと思います。よくわかりませんが、料理は楽しいことばかりじゃない。料理をすることの中に楽しくなることがあるのです。それをめんどうだと感じることが、人生を不幸にする、いやんなってしまうのはたしかです。そこに、料理する人生を楽しむか、苦しむかの瀬戸際があるんです。まっ、いずれにしても、料理は一生ついてまわることだから、逃げないほうがいい。辛抱、努力、忍耐……楽しみはいつもそういうものから生まれてくるものです。

「楽しい」じゃなくて「うれしくなる」

料理は、結果ばかりを求めることではありません。私もそうでしたが「おいしいもの」という結果に気を取られていたということです。理想の和食と申しましょうか、そこには「おいしさなんて、どうでもよろし」というのがあるんです。
高村光太郎の詩の一節に問います。

火星が出てゐる

要するにどうすればいいか、といふ問は、
折角たどつた思索の道を初にかへす。
要するにどうでもいいのか。
否、否、無限大に否。
待つがいい、さうして第一の力を以て、
そんな問に急ぐお前の弱さを滅ぼすがいい。
予約された結果を思ふのは卑しい。
正しい原因に生きる事、
それのみが浄い。

お前の心を更にゆすぶり返す為には、
もう一度頭を高くあげて、
この寝静まつた暗い駒込台の真上に光る
あの大きな、まつかな星を見るがいい。

（「火星が出てゐる」）

一人の日本人の生きる姿勢を表しているのです。結果ではなく今という人生の道中に目的があるのです。心が自由になるからうれしくなるのだと思います。

料理は……「楽しい」じゃなくて「うれしくなる」と言ったほうが正しいと思います。うれしくなるという感情は幸福に結びつくと思います。料理をすればうれしくなっていくのです。とりあえずそれは、料理が人間の創造の始まりだからだと言っておきます。料理にかかわる大事はほかにもあるでしょう。それは、これからおいおい話していきたいと思います。話せればいいなあ。うまく話せるかわかりませんが、とりあえず以下のような話から、始めてみます。

超革新的料理「エル・ブジ」が続かなかった理由

最先端の研究では、多数の三ツ星シェフの技術やレシピを分析し、食材を分子レベルに解析し、統合して、美食の構造を再構築しようと試みます。科学的な美食学研究のプロセスで、新しい調味料や食材、調理機械が開発されるでしょう。どの段階でも、それぞれに刺激的な商品ができてくるので、食品メーカーは大学の研究室と結んで援助し、商品開発を進めています。

最先端の研究とは言っても、これまでの食品の歴史と同じで、新しいテクノロジーでつくったと宣伝する新商品が発売されると、世間を驚かせ、話題になって盛り上がり、そして、また飽きられてしまいます。でも流行りものは廃《すた》りものでいいのです。それが繰り返されれば大学も企業も安定して継続、発展できるでしょう。

それは、かつて世界を驚かせたスペインの超革新的レストラン「エル・ブジ」も同じでした。エル・ブジのフェラン・アドリアは異分野の科学的発見を調理に生かし、感情的トリックや意外性、ユーモアといった、それまで料理に期待されていなかったことを組み込んで、革新的な料理だけを提供することで話題になります。それを経験したフランス料理界の革命児ジョエル・ロビュションをして、「どうやってなにからつくられているのかさえ想像もできない料理」と言わしめたのです。

しかし、そこから普遍的なものは生まれませんでした。結局、人を驚かすような革新の発見は持続できず、二〇一一年、閉店を余儀なくされます。快感はさらなる強い刺激を求めエスカレートするもの。同じ驚きでは満足は得られず、二度三度味わいたいという人はいないということです。今ではその技術は日本のファミリーレストランや居酒屋の演出にも見られます。

結局、エル・ブジの功績とはなんだったのでしょうか。それはレストランの可能性を広げたことです。フェランのレストランがやっていたことは、これまでのような味覚に依存する楽しみではありません。事実、彼のレストランを経験した人から「おいしかったよ」という言葉を聞くことはありません。しかし、フェランは、料理が人間感情と結びついていることを示したのです。
「一人の人間の身体（神経系）に記憶された経験」と、彼のレストランで受ける予期せぬ「聴覚、視覚、嗅覚、触覚で受けた刺激」が化学反応を起こして、予測と現実のズレをもたらし、一呼吸おいて懐かしい記憶と結び感情を刺激するのです。思いがけない場所で、懐かしい友人と、ふるさとの自然と出会うのです。それを意識的にやったということです。テーブルを囲む友人たちとその感覚を共有するおもしろさです。それは、まさに感覚の芸術（アート）です。

もう一つ気づいたことを付け加えておきます。アートも料理も、共有する経験の上に、驚きやおもしろさが起こりますから、万人を喜ばせるものではありません。外国で映画を見て、日本人の自分だけ、ジョークに笑えなかったといったことがあると思います。そうそれが、最近の料理の説明がやたら長くなる理由です。前提条件を共有するための長い説明に閉口する人も多いでしょう。しかし、その説明がなければ、芸術的な料理は成立しません。だから仕方ないのです。

味覚・嗅覚が言語中枢とつながらない意味

そもそも味覚と嗅覚は言語中枢とはつながっていない……と、解剖学者の養老孟司先生に教わりました……ので、味やにおいは、言葉にすることはできないのです。それをさも言葉に変えて伝えているかのようなものは、大まかな枠組みか、感情を刺激する文学的表現です。

中世のヨーロッパでは、味覚と嗅覚は低級感覚と言われ、原始的感覚と認識されていました。それゆえに、料理は芸術とみなされることはなかったのです。あくまで料理は、「客をもてなす」という、総合的なフランスのガストロノミー文化や日本の茶事の一部でした。

料理は長く、芸術になりたかったのです。一九七〇年代に、ポール・ボキューズは、美食を求めるクラシックという型にはまったフランス料理を、ヌーベル・キュイジーヌを提唱することによって解放したのです。素材に光をあてたヌーベル・キュイジーヌはまさに、絵画壇における印象派のような芸術運動となりました。

ポール・ボキューズ、アラン・シャペル、トロワグロ兄弟、ミッシェル・ゲラール、アラン・サンドランス、オリビエ・ローランジェー、ジョエル・ロビュション、そして、アラン・デュカス、アラン・パッサール、ミッシェル・ブラス、ピエール・ガニェール……彼らの一皿に描かれた料理は、まさに愛おしくなるもの。それぞれの風土に咲いた花であり、人々の記憶にいつまでも残る料理でした。その一皿は偉大なるシェフそのものであり、それぞれに顔がありました。そしてエル・ブジの出現で、……味覚という成果を捨てることで……料理は初めて純粋芸術となりました。

もし、人間の味覚・嗅覚が、言語中枢とつながっていれば、レシピは不完全で曖昧なものではなくなり、楽曲と同じく、料理人にも作家の権利が生まれていたことでしょう。でも、味覚・嗅覚が言語中枢とつながらないことには理由があると思います。

料理に「人間の幸福につながる大切な意味」を持たせてくれていたのです。テーブルを囲んで、一緒に食べた人だけとおいしさを共有できるのです。

こんなによくできた仕掛けはどうやってできたのでしょう。偶然とは思えないほど見事です。同じ料理を囲むことが、かけがえのないものになるのです。「同じ釜の飯を食べる」ことで同士だとするのは、そのためです。記念日という物語のご馳走を食べることで、料理の美しさ、おいしさが、心の楔《くさび》となって忘れることのできない思い出となります。これも食事の意味の一つです。

文化とは、その土地の人間同士の関係に生まれるものです。

「ノーマ」をつくったレネ・レゼピの哲学

世界では料理の格付け、ランキングが盛んに行われるようになりました。「世界のベストレストラン50」というコンクールがあります。「世界一のレストラン」を決めるコンクールです。コンセプトは、未来的な革新性と進化。それはイデオロギーの問題ですから、あなたが世界一おいしいと感じている料理とは別の話です。話題になったのは、企業がスポンサーになり、世界中のメディアが取り上げて宣伝し、盛り上げたからです。そのコンクールを通じ……エル・ブジに続き……一躍有名になったのが、デンマークのレストラン「ノーマ」です。この二軒のレストランは、どちらも映画にもなったのでご存じの方も多いと思います。

「ノーマ」をつくったレネ・レゼピという人は、これまでにない、地球環境を意識したコンセプトを唱えました。かけがえのないスカンジナビアの自然に注目したのです。彼の言う自然とは、彼が発見した自然なのです。これまでだれも見向きもしなかった食材を、彼が見つけて利用するというのが、彼のクリエイションですね。そうして森の土や野草、蟻などの虫を食材としたのです。

その料理を、あなたがおいしいと思うかどうかは重要ではありません。いや、だれにもそれがおいしいかどうかなんて決められないものです。味についてはノーコメント。既存の概念を無視して新しいものをつくっているのです。そのコンセプトを徹底して追求するレゼピの哲学が、スカンジナビアの人々の目を自然に向けさせたのです。

多くの料理人に、我が大地に誇る自然の尊さを教えました。

もっとも彼の自然観は、日本人の自然観とは違います。そもそも、日本人の持つ自然観と、西洋の人たちが持つ自然観は違うものですが、そのどちらとも、また違う自然観を実践しているのです。

家庭料理が禁止される未来

風土に導かれて生まれた料理は今、経済（ビジネス）活動として、最先端のアートや科学の力とともに進化しました。

一方、日常生活でも、人間の健康状態や気分、日々変わる体重、血圧、体温といったデータから体調を分析し、その日に食べるべき料理をＡＩが提案するというシステムをつくろうとしています。賛否は別にして、ロボットが調理して、定時に届けてくれるのです。すべての人々が安心安全な食を得られ、生活習慣病も改善される。そして、家事労働から完全に逃れられる。いいことばかりだと言うのです。

ＡＩの料理は、早く、安く、おいしくという大量調理に向くものです。大量調理は、材料を大量に仕入れて、管理しやすくするために細かく砕き、調味料などと均一に混ぜ合わせ、定まった分量・密度・水分量の食材を、正確に加熱（熱量・時間）して、急速に冷却して配布されます。パッケージごと再加熱して提供するのは、飛行機の機内食のようなスタイルです。個別の健康管理や好みに対応するのは割高になりますが、可能です。

農業（養殖・畜産業）、衛生管理、栄養管理は、大量生産、大量調理に向けて発展してきたものです。ＡＩ以前から、なにもしないで楽ちんであること、それが人間の望みであることを前提にして、考えられてきたのです。

人間は「食べる」だけでいい、そうありたいと願ってきたのですが、これまではできなかった。でも実現できそうです。人間の手でつくったものを食べたければ、相当なお金を出すようになるのでしょう。すでに貧富の格差は大きくなり、食の格差によって、そのような事態は半ば実現されているのかもしれません。

人間の弱さにつけ込んだ、お料理しない楽ちんな食社会の実現は、食品企業の利益を伸ばすには好都合なことです。社会の要求だからと庶民を軽んじて、AIが管理するシステムと協力して、理想（?）社会は完成します。これでいいですか……人それぞれですが、あなたはどうですか。あなたは自由です。今のところはまだ自由でいられます。

人間はむらっ気があってミスをするし、事故が起きるリスクは常にあります。そういう意味で、食は命とかかわりますから、ミスをしないという点では、人間よりもロボットのほうが優秀です。ロボットと比較して、人間を否定する理由はいくらでも見つかります。

感性を身につける場を失った人間は、火が通っているかどうかさえ判断できず、きれいときたないの区別さえわからなくなるでしょう。表面的にきれいであれば安心ですか。これは認可されたものだと国や企業が言えば安心できますか。

極端な言い方に聞こえるかもしれませんが、料理しない人間がつくる料理は危険だということになり、特別に許可をもらった人以外は家庭料理をするのは禁止になるかもしれません。もう、私たちはパッケージされた料理をグリルかレンジに入れるだけでよいのです。それは、さらなる企業の増収につながるでしょう。経済的アルゴリズムは、台所や調理場から人間を排除する方向に進んでいます。

料理という人間らしさを守る

さて、ロボットがすべてをしてくれるようになると、食事の献立を考えることや調理という労働の負担を省略できます。料理をめんどうだと思う人が大嫌いな洗い物も、機械がするようになるのでしょう。でも、ずっと自分で洗い物をしてきた人でなければ、便利になったと感じられません。そして、その便利があたりまえになってから生まれてきた人は、機械に依存しなければ生きられなくなるのです。

洗い物をすることで、手先の器用さが養われ、目を動かして優先順位を学び、力加減を学び、きれいになる心地よさを感じ、シンクの中の秩序を感じ、手と心を結ぶトレーニングをしてきたのです。不便の中に生きることで細やかな感性を磨き、美しいものを自ら発見し感動する感受性を身につけてきたのです。

もう十分に洗い物をしてきた人ならいいですが、なにも身につけていない人が洗い物を省略するのは、本当はもったいないこと、自分を磨くチャンスを逃す。そんな考え方もできるのです。感性とは身体能力です。身体能力ですから、適当に若いうちに鍛えておかないと身につかないものなんですね。

すでに多くの現代人は科学技術に依存しています。なのに、どうしてここまで、人間らしさを守ってこられたのか。それは、仕事に疲れてしまってめんどうだと思っても、それなりにがんばって料理をしてきたからです。

料理という、人間らしさを維持する行為とその時間を、失ってはならないと私は思っています。

人間が料理して食べるという場を失えば、違いに気づく感性も失うことになります。

そもそも自然物からつくられた料理に同じものはありません。料理をしなければ、そうした小さな違いや時間にともなう変化、気配に気づくこともなくなるのです。

人間の万能のセンサーである豊かな感性を失うと、痛みのような強い刺激を求めるようになるのだと思います。素材を活かした和食の味を感じられなくなって、なにを食べてもおいしく思わない。もっともっと強い刺激の食べものを選んでしまうことになるのです。やがて、きれいな素材を見てもなにも感じなくなる。器の良し悪しといった細やかな違い、細やかな人情も感じ取ることができなくなるのです。それは明らかに退化です。知らぬ間に、機械や企業に包摂されているのです。

料理は、地球と人間のあいだにある

冒頭の彼女には、ここまで詳しく話したわけではありませんが、彼女がわかったのは、「料理は地球（自然）と人間を結ぶもの、地球と人間のあいだに料理がある」ということです。

料理は人の命とかかわるものです。食の常識、習慣、マナーが、人間の命を守っています。お天道様《てんとさま》のつくりあげた秩序の中に、料理はあるのです。料理は本来、人間の好き勝手にはできません。度を超えてはいけないことなのです。それが、民俗の食文化です。お料理が結ぶ、家族への愛情と自然への感謝から食文化ができたのです。

ＡＩやロボットができることは、自然を一面的に見て数値化することです。それは単純化して、みんな同じにすることとです。そんなものおいしくなさそうでしょう。あっ、その点は大丈夫、ロボットはご飯を食べませんから、おいしくなくてもいいのです。……でも、食べるのは、人間でしょう。人間は、おいしいものを食べたいのです。

おいしいものとは単純なものではありません。複雑です。同じものは二つとありません。とくに和食のおいしさとは再現不可能なものなのです。和食においては、人間の料理上手・下手は問題ではありません。だれにとっても、お料理は思うようにならないものです。だから、おいしくできれば、うれしくなるのです。

ところで、先に書いた「アートになった料理」と普段の料理は別ものです。クリエイションを極め進化した現代アート的な一皿は、土地の食文化の観念から生まれたとしても、必ずしもその土地とかかわりません。地に足がついていないのです。だから、世界中で同じ基準が持てるのです。

そういう意味で、宇宙でも成立するのが前衛的なアートです。でも、地球に育った人間が、宇宙にいて求めること、楽しんでやることは、地球の思い出話と、地球の経験の再現でしょう。宇宙で食べたくなるものは、地球に暮らした日常の思い出の料理です。

質問者である中学生の彼女が「わかった」のは、彼女と私が共有するものが先にあったからです。なぜ共有できたのでしょうか。それは、彼女と私の経験に一致するものがたくさんあったからでしょう。両者が共有するものを土台に、質問者である彼女は、機前に起こる強い積極性を重ねて直観的にわかったのです。無限の経験から身につけた想像力（イマジネーション）が両者の違いを補っていたのです。

2

料理がひとを守ってくれる

「一汁一菜」の先に感じているもの

私が書いたものを読んでいただけるのは、料理をとおして見える、なにか料理とは違う世界が、その背景にあるんじゃないかと、感じてくださっているからのように思います。じつは私もそう思っています。

そのきっかけが『一汁一菜でよいという提案』です。一汁一菜とは伝統的なこの国の庶民の暮らしの中にあったもの。それを現代の食事づくりの基準（手段）にすることで、料理することが楽《らく》になったり、楽しくなったり、健康を取り戻したりしたということです。

でも、それはことの起こり。一汁一菜は思考以前であり、本当の意味での料理研究が私の中で始まったのです。そのときすでに、その先に続く、もっと深く、広がっているものがなんとなく見えていました。その感覚的に感じていたことを、繰り返し言葉や文章にして、考えながら、進んでいる道中だと、ご理解いただきたいのです。

そうした観点を持って、今一度時代を振り返り、食を考察してみたいと思います。

人間であれば、お料理はすべての人の必要ですが、時代の変化とともに、海外の料理、シェフの料理、加工食品……と、大量の情報、機械化、欲望の波にのまれ、あらゆるものを取り込んで、私たちは、食の姿形がよくわからなくなっているのです。

そもそも料理は、それぞれの風土に生きる民俗文化そのもので、家族や故郷の思い出とつながり、人々のアイデンティティになっていました。それは生き方、教育、好み、情報、流行、コミュニケーション、環境を誘導します。そしてそれは、資本主義社会における流通、労働、賃金、保健、グローバル化、環境危機などの変化に大きな影響を受けてきました。今、さまざまなことから、食にまつわる思惑や問題は複雑に交錯《こうさく》しています。

昔、食べられなかった時代は、だれもがお料理は大切なことだとちゃんと知っていました。そんなことはあたりまえ。でも食べられるようになると、あたりまえにあるものと安心して、ほったらかしにしていたのです。だれかが満たしてくれるものと思ったのです。お料理がなぜ大切なのかなんて、考えもしなかった。

今では、どうでしょ、食とはただの食べもの、めんどうなこと、みなさん人それぞれでよくなったのです。料理はそれぞれの立場や経験だけで、だれもが、わかったつもりになって一家言《いっかげん》持てるものです。現代社会では、ある人の公共の場での食に関する発言が、独りよがりな思い込みであったとしても、それは個人の好みだと言ってしまえば、済んでしまいます。

料理に関しては「ひとの勝手でしょ」が認められる。子どもでも好き嫌いを言えば、強い影響力になる。そこで論理的な意見を言っても、その発言はあまり重視されない。言われたほうが気に入らなければ、やり過ごされてしまいます。食は突き詰めれば、個人的な自分ごと、とやかく言われる筋合いのない至ってプライベートなこと。だれにも迷惑をかけるもんじゃない、人がなにをどう食べようが他人ごとでいい、とされているのです。

お金にならない親切の循環

朝出がけ、すでに仕事モードに入っているときに、「今晩なに食べたい、魚と肉どっちがいい」と聞かれるだけで不愉快になって、喧嘩になることもあるようです。揉《も》めごとは、案外小さなことから起こるもの。仕事は社会の一大事、家のことをそこに被《かぶ》せてくれるな、という言い分があるようです。

片や、晩ご飯になにをつくるかは家族の一大事。献立さえ決まればすんなりことは進みやすいのです。外の仕事では、「今日なにをする」が、もちろん決まっています。決まっていなければ、無駄が多くてはかどらない。すでに決められたことに向かって、迷いなく進めるのが合理化です。

そうした夫婦の争いの背景には、家の仕事と社会的な仕事の違いがあります。家の仕事は利益を目的としませんが、社会の仕事はお金になります。資本主義社会では、利益をうむこと（仕事）だけが価値のあるものとなったのです。儲かることはよいことで、儲からないことは否定してもよいことのようになっています。

それを助長するように、庶民に向かって「迷ったらすべて損得で判断しろ」と言う経営コンサルタントもいるのですから私は驚きます。そんなことをしたら、なにもすることがなくなってしまうように思うからです。そやから大阪人は損得で考えるようなちっちゃい人間にならんように、浪花《なにわ》節と言われた人情を大事にして、商売の極意を「損して得とれ」と言うのです。

地に足のついた社会では、お金にならない親切の循環を守ります。お金にならないことは、料理を含む家事全般、年寄りの世話、子どもの世話、近所付き合い、整理整頓、雑務のすべて。それが潤滑油、触媒となって、親切、思いやり、優しさのある社会が守られます。

外の仕事は家の仕事よりも大事という風潮は、お金の損得。食文化を担ってきた女性の苦しみの大きな原因になっていると思います。家庭生活の中心となる料理の意義に注目せず、無意味化された仕事を任され、本音とは裏腹に重大ごとの責任者であるかのように、やらされてきたのが……しかも社会で働く……日本の女性です。

現代社会は男性の価値観から生まれた競争社会です。他者の不幸を顧みず、自分さえよければそれでよしとなり、秩序を失い壊れかけているのです。それは、すでに行き詰まっているということです。フラフラ飛んでいる飛行機のようです。だったら思い切って、これからは……美しさ、思いやり、優しさという新しい翼を持った価値観で、社会をつくっていけばいいのにと思うのです。

むろん、近年はともに暮らし、ともに働くという中で、男性の意識も変わってきたと感じますが、幸福の在り処《あか》である家の仕事の大切さを、多くの男性はまだまだ認識しているとは思えません。なんとなくわかっているつもりです。けれど、「わかる」を岡潔の三段階の基準（第1章）に照らし合わせると、その一段階目にとどまるのです。

自ら動くところに「幸せ」が生まれる

東京大学先端科学技術研究センター（東大先端研）の中邑賢龍《なかむらけんりゅう》先生のLEARN……人間の本質を見据えた新しい教育プログラム……の活動に参加しています。すると賢龍先生の描くシナリオによって、私までが自発的行動を促され、知らぬ間に教育されているのです。その打ち合わせの雑談が楽しくて、刺激を受けています。

心理学者でもある賢龍先生によると、「無意識の意図性」という人間が自ら好んで行う無意識の行動は、偶然さえも取り込んで、自己実現に向かう。それは「予測の自己実現」と言って、心理学的に証明されているそうです。いや、賢龍先生は言葉ではなにも教えない。なにかの拍子に賢龍先生が口にされた「無意識性と意図性の乖離《かいり》」「予測の自己実現」といった言葉を、私が覚えていて、時間をかけて自分に取り込んでここに書いています。だから、先生が使った言葉そのままではないかもしれません。

自分の中で言葉が熟成するのです。自発的に学んだことしか身につかないし、楽しくない。

それは、人間には自由に動く身体があるからです。ルールが決められていないと、なにをしていいかわからない苦労もありますが、未知の可能性に偶然出会うおもしろみがあるのです。

コンピューターが得意なことは時間をかければ人間にもできることが多くありますが、人間にしかできないことは行動です。そして、行為する時間にあるものは認識できない無意識、夢中です。

幸せが目に見えないのは、それが状態だからです。他者の幸せそうな景色は見えますが、自分の幸せは見えないのです。でもあとから振り返ると、あのときは幸せな時間であったとわかります。その幸せもまた、自ら振り返ることで認識されて、心に留めることができるのです。自ら動くところに「幸せ」が生まれていることがわかります。幸せは、けして楽ちんではありません。

自然とつながるところにクリエイションがある

　都市を高いところから見下ろせば、自然が失われているのがわかります。人工物でおおわれた景色を見ながら、ここが地球である証拠はないなあといつも思っていました。都市で行われる外の仕事の意識には、自然物は不要なんですね。そこは人間同士が戦う競技場です。競技ですから、少し前までは、大前提となる常識とルールで制御された楽しい場所だったと思います。今では嘘がまかりとおり、ルールを失い、騙し合い、殺し合いの喧嘩になり、競技ではなくなった。

　それでもなお、家の仕事は……生まれること、死にゆくこと、料理（家事労働）、身の回りのきれいの維持……自然とつながっているのです。かつて財閥をつくりあげた実業家が、茶（道）を極め、つねに自然や美に触れる機会をつくり努力しました。自然とつながっていることが、地に足をつけて生き、人から信頼されるために必要であることを認識していたのです。

私の知るITの人たちは、休みにはキャンプで森の空気を吸って、身体を鍛える人が多いようです。この頃は釣りがブームで、魚を捌《さば》けるようになりたい人が増えていると聞きます。それなら家族も一緒に楽しめますね。彼らが、あえて、私のアプリにのせる料理の動画撮影をして、楽しそうにされているのは、できあがったご飯が食べられるからだけではないように思います。とても健康的な人たちで、本能的に身体を動かす大切さを知っていてバランスをとっているのです。若い人はいいなあ。

自然とつながるところにクリエイションがあるのです。それが、数学者・岡潔のいう情緒です。自然の変化に人間の情動が起こるのです。超純粋な情動は、人間の総合知から、なにもないところに定数の「1」を生むのです。情緒は創造を促す触媒です。これがなければ創造は生まれないと岡潔は言っているのです。

ところで、より無駄のない合理性を重視して、綿密に決められたとおりに仕事を進めることを設計主義というそうです。予定どおりの計画をつくることは、AIが得意なことで人間よりも優秀です。人間の仕事は、雑談しながら、関係性を広げたり深めたりしながら、直観的に選別して行動することです。その無駄にこそ意味があるのです。

ブルシット・ジョブとエッセンシャルワーク

しばらく前、ブルシット・ジョブが話題になりました(『ブルシット・ジョブ』デヴィッド・グレーバー、岩波書店)。それは嫉妬心もあってか「クソどうでもいい仕事」などと言われるものでした。やりがいのない仕事、本当はいらない仕事、無駄な仕事なんですが、お金になる仕事です。

ブルシット・ジョブとは、魂の抜けた意味のないことにお金と庶民から搾取した時間をふんだんに使うことによって、大きな秩序を蔑《ないがし》ろにして、社会全体を不幸にしているというメッセージだと思います。自然と人間が調和し健全に結ぶところに秩序はあって、平和が生まれるのですが、ブルシット・ジョブのように、自分のことや企業の利益だけが目的になったところでは、自然の恩恵を忘れてしまいます。その結果が環境危機、庶民の苦労、生きづらさです。

今思い出しましたが、最近では、さまざまな食事が無料で楽しめて、お酒も飲めて、アクティビティまで用意されている会社があるそうですね。福利厚生がよすぎて、そんな会社で働いていたら、家に帰らなくてもよくなりそうです。それって囚われているんじゃないんですか。そんなところにいたら、家事の苦労なんて微塵も感じられなくなります。

しかし生活は、エッセンシャルワーク（日常生活を維持するために不可欠な仕事）に支えられています。エッセンシャルワークって自分の身の回りのこと（家事）が多くて、それらは本来ワークじゃなくて自分ですることなんですね。

人間は自然物だから、自然とつながっていないと生きられない。大都会にある自然とは目に見えない菌の世界です。心地よい環境を維持する仕事がエッセンシャルワークです。心地よきものも、よくないものもみな自然とかかわっているのです。きれいに掃除された部屋は心地いいでしょ。空気が澄んでいるからです。臭いを感じるのは浮遊細菌に反応する自前のセンサーの働きです。

「喜び」と「努力」は一つのもの

コロナ禍において、家で過ごす時間が増えていました。仕事もリモート化され、電車も空いていたし、帰宅の時間も早くなり、子どもたちは外で遊び、家族で散歩して、それぞれの家で夕餉《ゆうげ》の支度をする気配(匂いや話し声)を感じることも多くありました。私のTwitter(現・X)に聞こえてくる声も「料理が楽しくなった」「おもしろさがわかった」「案外なんでもつくれる」という、私にとっても、社会にとってもよさそうな傾向が進んでいたようです。

コロナ以前、外の仕事に多くの時間を取られ、仕事中心の生活になっていたときは、家の仕事である料理は、めんどうなことでしかないと考える人が多かったと思います。

家事にある「喜び」と「努力」は一つのものです。料理をすること、洗い物をすること、部屋を片付けることは「努力」で、おいしいご飯を食べること、きれいな部屋で気持ちよく過ごすことが「喜び」です。なにかを得るためには、なにかをしなくてはならないのです。あたりまえのことです。そのあたりまえがあたりまえだと思われなくなって、努力は苦労になったということでしょうか。

結果の喜びだけを受け取りたいと思う気持ちが強くなると、途端に努力は苦しみになっていきます。苦しみを無くそうとしても、秩序を取り戻そうとする無意識の意思(責任感)と苦労を惜しむ心がぶつかって、心に強い苛立ちを生みます。

喜びと努力は釣り合う関係ですが、喜びと苦しみではバランスは取れません。それを実現しやすくするのが一汁一菜という方法です。そこに家族の参加があると楽しみになります。家族の幸せを願ってする行為は楽しみです。人間は一人では幸福になれません。家族は自分、自分は家族です。もちろんお金の力に頼っても幸せは感じられるのでしょう。幸福感を生む高価なサービスや商品を買うのです。しかし、どれだけお金持ちになっても、無意識の意思が備わった人間は、自然の秩序を取り戻そうとするものだと思います。

かけがえのない住処、地球を思う

本当にコロナが終わるものかさえ（二〇二一年一月二十九日時点）わかりません。ただ、コロナが終わったとしても、経済一辺倒の新自由主義はおしまいにしなければ持続不可能。なにかが起こるXデーを待つばかり。資本主義社会という人間中心主義の世界にいる私たちは、地球の大問題と人間の格差を生む問題を、できるだけ先延ばしにしたい。わかっていてもかかわりたくないと思っているようです。

斎藤幸平さんの『人新世の「資本論」』にある「大洪水よ、我なきあとに来たれ」という起業家の言葉にショックを受けました。私は若い人のことを思います。未来を少しでもよくしたいと思うのが人間だと思っていました。子どもの家族が幸せでいてほしいと願います。

人間という生き物は、頭はいいが利己的な悲しい生き物だと諦めて、あとは知らない、自分の死んだあとのことだからと知らんぷりするのは、たしかに楽ちんです。でも、それでは身勝手でしょ。自然や祖先が守ってきてくれたから、あなたはそこにいるのです。かけがえのない住処《すみか》、地球を思います。ちゃんと地球に参加しろ。

そのためにも私たち一人ひとりが、自覚して生きること。自足して生きていくことです。あなたが心の安らぎの自由を求めることが、家族を守り、地球を守るのです。台所は地球とつながっているのです。

養老孟司先生が、『一汁一菜でよいという提案』が文庫化されたとき、巻末の解説文として「……土井さんの思想を進めていけば、地球温暖化に苦しむ世界を救う思想になると私は思う。世界の改変を食から始めるというのは、まさしく修身斉家治国平天下で、一汁一菜が修身の第一歩である」と書いてくださったのは、ありがたいことでした。この考えを推し進めようと思います。

あるお百姓さんの言葉

もう二十年も前のことです。滅多に行かない川崎駅の地下に古本屋さんがワゴンを並べて出店していました。そのときわたしの目に飛び込んできたのが『むかしの百姓』です。昭和三十一年に発行された本で、西志布志《しぶし》のお百姓さんが書いたものです。その作品の冒頭に書かれた文章の一部を、少々長くなりますが、敬意をもって、ここに記します。すべての人がそうであったとは思いませんが、昔の人が人生にどんな思いをのせていたかが、よくわかります。

郷土史におもう

一つの国を形造り、これをいつまでも保っていき、またこれをさかんにさせ、或はおとろえてもこれを支えていく力は、政府の役人でもなく、軍人でもなく、また王様や貴族たちでもない。それはどこの国にしてもその国の土台である一般庶民の力である。政府や役人はかわっても、政治のやり方はかわっても、戦争にはやぶれても、この一般庶民はきびしいおきてのもとで、ただもくもくと働いてきた。自分ではそまつな物を食べても、自分で作った米を出して、自分では着る物がなくても布を織って納めた。したがって家の仕事はねこの手でも借りたい程忙しいのに夫役もつとめた。高い税金を納めて政治をする人たちの言いつけも良く守った。その間に子供を育てて一人前にしつけ、自分の世つぎに、また国の世つぎに役立たせてきた母の努力は極めて偉大なものである。

このような百姓の力強い働きは、全てあのユルイのはた（編集部注：いろり）から養われてきたものである。

これはたしかに歴史以前から続けられてきたに違いない。武士も役人も、物持ちも商人もみなこれら名もない百姓の生産をたよりに生活してきたのである。

しかしどこの国でも今までの歴史は、これら名もないえんの下の力もちのことは、ちっともかへりみてくれなかった。ただその土台の上にははなやかにさいた小数の人物だけを大きく取りあげて、あたかもそれら生産をしない一部の者のみの力によって国を保ちつづけ、ほまれを得たかのように考えられてきた。

そこで私たちの祖先が、百姓としてどのような労働をし、どんなに生産してきたか、またその間にどんな文化をつくって私たちにゆずってくれたかということをたづねてみたい。たとえば、世の中でもっとも小さなモメン針でも、その力にあづからない人間はほとんどないであろう。今日あの精巧なミシンといえども元はこのモメン針から考え出されたにちがいない。それではこのモメン針は、いつ、どこの誰が発明してくれたかであろうか（原文ママ）。

昔支那（原文ママ）の孔子という人が「古きをたづねて新しきを知る」と教えた古いものごともよく究はめていって新しい知識や見解をひらいて行くことである。

更にまた、ただその物ごとを知るだけでその理くつを考えなければ心がくらくて何も悟り得ることはない。理くつを考えてよく学べともいった。

歴史は自分の考えを作りあげていくために役立たせなくてはならない。

郷土史第二集を送るに当り、筆者の愚見をものしてはしがきとしたい。
昭和三十一年九月秋分の日　　　　　　　　　　祚山文次

必要以上にやらないこと

一汁一菜……ご飯を炊いて味噌汁をつくるだけ……毎日お料理をされてきた人にとっては、料理するうちに入らないほどのことです。だから一汁一菜の献立を手抜きだという人があるのです。では、どこから先が料理でしょうか。おかずの品数を増やして、おいしくつくって、食卓にいっぱいにお皿を並べることが料理することだと思い込んでおられたのでしょう。

だから、一汁一菜以上の料理はするな、というのです。それ以上はなにもしないことです。いくらできてもやらないこと、必要以上にやらないことです。やらないことって案外難しいことです。なんか悪いなあ、サボっているみたいという気持ちが持ち上がってくるからです。実行するために、もう少し私たちの暮らしの意味を考えてみたいと思います。

環境維持の労働が土台となって、その上に利益を生む仕事があります。環境維持の労働は、文化として維持されてきたものです。文化は暮らしに始まった、自然界から身を守る秩序です。文化は社会の土台です。

経済競争により、電化製品が発達して便利になり、文化はおろそかになりました。一汁一菜とは文化です。文化には死者（先人たち）の思想がちゃんとあるのです。文化があなたを守ってくれますから、どうぞ安心してください。

どんなことにも、けじめがあるのです。同じことを繰り返すことは、惰性がついて流されやすいもの。だから意識的に流れるスピードを変えたり止めたりします。わざわざ物足りないと言われそうな一汁一菜で食事を整える。文句を言われたら「ごめんなさいね」でよいのです。それ以上なにも言わない。

そしてある日、今日はいい筍《たけのこ》をもらったから……唐辛子と米糠《こめぬか》を湯に溶き入れて大鍋で茹《ゆ》でる。煮立ってから一時間、そのまま火を止めて冷ます。たっぷりだしをひいて、酒を多めに入れてきつ火で煮る。大きなお皿に、お鍋を返して盛る。木の芽をどさりと天盛りにする。……今日は全力で筍を楽しむ日。でも翌日はまた、今あるものを味噌汁にして、ご飯を炊くだけ。……うちの親は、ほんと、よく言えばマイペース、自分勝手なんだからって、子どもたちは言うけれど、やることはやっている。なにも言わない……。

茨木のり子さんの「みずうみ」という詩です。

〈だいたいお母さんってものはさ
いいいい
しいんと
したところがなくちゃいけないんだ〉
名台詞を聴くものかな！

ふりかえると
お下げとお河童と
二つのランドセルがゆれてゆく
落葉の道

お母さんだけとはかぎらない
人間は誰でも心の底に
しいんと静かな湖を持つべきなのだ

（以下略、「みずうみ」）

人間の内側には覚悟のともなった豊かな世界があるのです。心のバランスを失わない術《すべ》を身につけたとても素敵な人ですね。こういうお方は年齢によらず美しい。子どもたちにもちゃんとわかります。

がんばったことはすべて自分の宝物

生きるための動機は暮らしの中にありました。競争社会は、仕事やスポーツや趣味を、暮らしと分けて強い喜びを生む「生きがい」にしたのです。

私は仕事で自己実現できなかったとき、自我の満足を満たすべくマラソンをしていました。がんばって苦しむことがマラソンです。ものすごい苦しみは生き甲斐になるからです。苦しみは生きているという実感です。苦しみに救われていたのです。苦しみがないならマラソンなんてやりません。人間は苦しみたい。苦しみと強い喜びもやはりセットなんですね。

でもそのとき、家族を蔑ろにしました。暮らしとつながることが生き甲斐になれば一番よいと思います。人生を豊かにして満足するにはどうするか。自分（家族）を鍛える（磨く）ことしかありません。さて、どうやって鍛えましょうか。人それぞれですが、それは暮らしの中にもあるのです。

私の母は、最後まで一人暮らしで料理して、いつもきれいにして、楽しそうに暮らしていました。煮豆やあんこを炊くのが好きで、炊き上げるたびに友だちが顔を見に来ていたようです。市場に通い、みんなに愛想よくして人気がありました。義理の母もそうですが、そういう人はいくらもあるでしょう。

料理をすれば、台所が乱れる。床が汚れるのはあたりまえ。食事が済めば片付け、床を拭く。洗い物をして、掃除して元に戻すことで秩序を取り戻しているのです。いつも家をきれいに澄ませているのです。濁りなくきれいに澄むだし汁のように澄んでいるのです。

家庭料理は有無を言わせてくれません。自然とつながっているからです。料理とはなにも考えないで、苦しまないで、寝床から立ち上がるごとくでよいのです。立ち上がらなければ生きてはいけない。ふつうの人は同じことの繰り返しをしていたいもの。だから、なにも考えず、一汁一菜でよいのです。生きていくために一汁一菜があるのです。

めんどうだからとつくらないで、外で食事を済ませるようにしたら、また別の問題が起きるでしょう。食事づくりから始まった小さなことが、すぐ健康とコミュニケーションの問題になり、人生の大問題にまでつながる。私たちは食べものに癒やされながら、食べものにふりまわされているのです。自分で意識して、コントロールしなくてはいけないのです。

家族がいるからがんばれた。子どもの成長を見て、笑顔に励まされ、気持ちに張りを持って生きてこられた。それは、食事づくりに鍛えられ築いた自分がおありなのです。それでもできないことはできない。しかし、がんばったことはすべて自分の宝物。すでにあなたはすばらしい。

黙って食べる

昭和の初め、まだちゃぶ台が使われていた時代、食事中、余計なことをしゃべってはいけなかったと思います。私が子どもの頃でも、食事にかかわること以外は話さなかったし、仕事の話は、してはいけないものでした。

今では、食事の場はコミュニケーションの場だから、コロナ下の黙食はかわいそうと言われますが、お料理に向き合えばいいのです。友だちとのコミュニケーションは休み時間に外に出て身体を使って遊ぶことです。身体をぶつけるとみんな仲よくなるものです。

日本人にとって食事の時間は一生懸命食べればいいのです。集中して食べると味がよくわかります。大好きなものを食べるとき、邪魔されるのは嫌でしょう。みんな黙って食べているでしょう。話してはいけないと言っているのではありませんが、そういうことがあるのです。

茶事では雑談をする余裕もありませんが、なにも話さないで集中する食事は格別です。そうしていただくお料理は、信じられないほどおいしいと感じられるのです。そこにはいつもと違うなにかが生まれているように思います。敬愛する小林秀雄の随筆「美を求める心」の一説です。

見ることとは喋ることではない。言葉は眼の邪魔になるものです。……言葉の邪魔の這入らぬ花の美しい感じを、そのまま、持ち続け、花を黙って見続けていれば、花は諸君に、嘗て見た事もなかった様な美しさを、それこそ限りなく明かすでしょう。

だれかがひと言しゃべれば、それまでしっかりしていた感覚所与（五感）の働きは終わるのです。

和食のクリエイションは気づくことです。当時の食事は、あらゆることに気づくトレーニングになっていたのです。西洋的なカロリーの高いおいしさは、受け身でいられるのですが、和食の野菜にある静かなおいしさは、こちらから迎えに行かなければなりません。歯ごたえを感じながら見つける積極的なおいしさです。それを「探し味」というのです。

「料理して食べる」営みが、精神を浄化する

料理して食べるという営みにあるのは、栄養の摂取、食の学び（マナー・知識）、空腹を満たす満足、おいしさの楽しみ、人間関係を深めるという目的だけではありません。人生にかかわるあらゆるものの起源です。あまりにも日常的な、その営みは、どんなふうに精神とつながり広がるのか。あらためて考えてみたいと思います。

自然と人間、また家族のあいだで繰り返される「料理して食べる」という食事の時間に、家族は無限の経験（感情経験と理性的学び）をします。うつろう季節やつくり手の感情によって変化していく料理に対する感性の反応とは、（視覚・嗅覚で）知覚し、（悟性で）予測し、（触覚・嗅覚・味覚で）味わう経験です。

新しい情報と過去の経験に表れる誤差は「違い」として認識され、あるいは無意識のうちに身体的経験として蓄積されていくのです。その経験情報は次回の刺激（経験）

に対して利用され判断力を磨きます。

「気づき」と言われる違いの発見は、心栄《こころば》えといったきらりと光る感情で、程度の差はありますが幸福感をともないます。気づきという情動は創造の卵で、それは大きな発明、発見にもつながります。情動は脳の扁桃体でなされ、強く働きすぎることを制御しなければなりません。そうした情動の制御は前頭葉の発達を促します。

人間が他者と関係する場には制約が生まれ、それによって大小の我慢が強いられます。「してはいけないこと」といった制約に対して、情動の反動が起こるのです。

情動の経験は、豊かな好奇心と制御する冷静さを導き、思考を深め、人間の理性を高め、強い意志を得るのです。強い情動を制御しながらも、愛情を表現しコントロールし、勇気を持って、正しき行動を導きます。思いやり、優しさと正義などの知性を併せ持った魅力的な人間のイメージです。

穏やかで幸福な感情経験は、事象と合わせて深く心に刻まれます。それは「よき思い出」として振り返ることができて、心に安らぎを与えます。幸福感の蓄積は、安心、信頼となって、素直さや誠実さをもって思想となり、穏やかな人格を獲得します。強い意志という精神はやがて外見にも表れます。知覚と無意識の感情経験と意志（知・情・意）によって、魂、信仰、信念といった無意識の心を磨いていくのだと思います。

むろん、そうした理想の環境に包まれるばかりが人間ではありません。だれしも思いどおりにならず悔しがったり、予想外の出来事や理不尽な言葉に傷つき心を乱されます。自己の弱さを見つけたり、自我が満たされない屈辱的な経験もします。そう思えば、人間の人生はよいことばかりではなく、悪いことのほうが多いかもしれません。消し去り難い怒り、妬《ねた》み、恨みといった負の感情、事象とともにトラウマとして心に残されることもあります。

しかし、強い制御力が必要なほどの感情を引き起こす負の経験もまた、魅力的な人格や豊かな才能を持つ契機となることも大いにあるのです。時空を超えた環境に向き合う人間の精神は、死ぬまで磨かれ、あるいは嫌な思いに傷つくのです。そういう意味では人間の精神は、正（善）になり、負（悪）になりながら、身体を循環しているように思います。「料理して食べる」、食事する営みは、精神の浄化行為（システム）となって、生きていく力となるのです。

3

偶然を味方にする

――「地球と料理」考

小さな忘れもの

私はだいたい自宅兼アトリエで仕事をしていますが、コロナ禍以来、家を出るのは大学の授業や放送局の収録、取材など合わせて週に数回というところです。ところで、出かけることについて、困ったことがあるのでお話しします。

玄関の扉を開ける、外に出て、鍵をかけたとたん、あるいはしばらくして、なにかしら小さな忘れものに気づくのです。

仕方なく、取りに戻る、を都度繰り返す。それがなかば習慣化しているのです。それは身の回りの財布やハンカチであったり、仕事の書類や道具であったり、お相手に用意したお土産であったりします。準備万端に整えたつもりなのに、家を出て駅まで、十分ほどのあいだのどこかで思い出すのです。

あまりに多いので、娘に玄関脇の靴箱に手書きの忘れものチェックリストを貼り出される始末。それでもなかなか癖は止められず、出かける間際《まぎわ》、緊張感を漂わせながら出発し、すぐまた戻って、家族に「ただいまー」と明るく言っても、たいていは無視されています。ときに電話をかけて届けてもらう場合には、家人やスタッフに迷惑をかけてしまいます。習慣的に早く家を出るから、時間的には大丈夫なのですが、ほんと疲れます。

ただ解決後の気分は満更《まんざら》悪くなくスッキリしています。自慢じゃありませんが、いつもギリギリセーフ。そもそも私は、忘れものをしないたちで（した）、なにかを忘れて仕事で支障をきたしたことは、一度もありません。いやないはずです。

でもどうして、家を出る前に思い出さないのか。これは加齢の問題か。

今のところ思い出しているのだから、「まっ、いーか」といつものように自分を誤《ご》魔化《まか》して生きています。なぜ家を出てから思い出すのかを、つきつめて考えることもしませんが、「なんでかなあ」と長く心に引っかかっていたのです。

緊張と緩みから生まれる発見

ところが、ついにその理由がわかりました。

いつわかったかと言いますと、日本民藝館館長でプロダクトデザイナーの深澤直人《ふかさわなおと》さんとの対談を控えた二〇二一年八月二十日の朝。私がこのイベントの言い出しっぺでしたから、深澤さんの著作『ふつう』を読み返し、質問を整理すべきところ、……なぜか今やるべきではないとわかりながらも衝動にかられて……以前に平凡社から送られてきた『岡潔　数学を志す人に』というタイトルがついた本、数学者・岡潔のエッセーを読んでいました。

深澤直人さんとの対談の表題は「ふつうであること」。その先にある、美はなぜ生まれるか、美を見つける方法を、隠れテーマにしていたのです。ところがなぜか、イベント前に読んだそのエッセーに「なぜ家を出てから思い出すのか」という問いの答えを見つけたのです。

これはすでにずいぶん前に読んでいたのですが、そのあたりの内容はすっかり忘れていて、当時は、気にとめることもなかったようです。『春宵十話《しゅんしょうじゅうわ》』にある「宗教と数学」の一行です。

> 発見の前に緊張と、それに続く一種のゆるみが必要ではないかという私の考えをはっきりさせるため、幾つかの発見の経験をふりかえってみよう。

とあるのです。この数行の文章をきっかけにして、オートマチックにわかったのです。ハンカチやマスクの忘れものと、岡潔の数学的大発見の経験を一緒にしているのですから、ド厚かましい話ですが、私は「そうだ、これだ」と確信したのです。

家を出る前には、いろんなことを重ねて考えているように思います。朝起きてから、今日一日のストーリーをふまえて、なにを着るべきか、お昼ご飯のこと、帰宅時間、スタッフへの申し伝え、これからする一限目の授業のこと、今日のお天気、教材、それに加えて道中に読む本や、なにか思いついたことを書き込む紙とペンの用意も気になります。あれこれ思いながら家を出た瞬間に、緊張が緩《ゆる》むのです。

ですから緊張と緩和の起伏の連なりに気づきが生じるという、発見の仕組みが書かれた一節を読んで、気分が晴れたんです。理由を自覚し、思い出す直前をイメージできたので、もう忘れものはしないと思います。

……ほんまかいな。

自分は間違う・忘れることを知る

料理屋の修業時代、下の人間は、お客さまの人数に合わせて、用いる皿鉢の数を読んできちっと揃えます。懐石料理の品数は一一〜一二品あって、小付け（薬味、醤油などを添える）や袴《はかま》（敷物）なども入れ、結構な枚数になります。お客さまのグループの数に合わせて、一一枚（人分）、七枚、五枚と盛り込みに必要な皿鉢を用意して、料理の進行に合わせて場所を空けて、先輩が盛り込みやすいように考えて、並べるのです。下っ端《したっぱ》とはいえ、それだけやっていればいいのではありませんが……あれせえ、これせえ、と、だれも親切にめんどうは見てくれず……自分が気がつく分だけの仕事をするのです。それぞれのポジションの料理人は、皿数によって、お客さまの数を把握し、確実に人数分の盛りつけが完了できているかを確認します。料理屋では、数はきっちり客数だけ用意して、一人分多めになんて無駄なことはしないものです。

たとえば一〇枚ずつと言いましても、器の形状はさまざまで、一目見ただけでは枚数はわからない。慌てていると、一枚多い、一枚少ないという事故が起こりがちです。こういう単純なミスはなくさないといけません。ところが若い人の中には、なにかトラブルがあっても、「自分はきちんとやりました、間違っていない」と言い張る人もいるのです。自分は間違わないと信じていることと、叱られることが嫌だという気持ちもあるのでしょう。

でも、彼のように自分は間違わない、と思っているうちは、必ず間違います。そういう人が器を揃えたときは心配ですから、先輩たちが自分で数を読み直す必要があるのです。そのことに自分で気づけば、常に確認するので、皿の枚数を読み間違えることはなくなります。

料理人というのは、直接の技術よりも、そういうことを思う力が大事かもしれません。料理の技術は心配しなくても、やめないで続ければ、必ず覚えて、できるようになるものです。

私は今でも、自分は間違う、忘れる、ことを知っていますから、妻から「この前はそう言いはりました」なんて言われると、覚えていなくても、そんなことを言ったんだろうなあ、と思います。自分は間違う、忘れる、自分を信じていないのです。みんなが自分は間違える、忘れるのだと知っていれば、世の中は平和でいいですね。

この流れには関係なく今思い出しましたが、当時のご主人は口癖のように、「いい先輩になりなさい」「いい後輩にならなあかん」と。それに「人から愛されなさい」と。愛されていたら、仕事でも周りにおる人が助けてくれる、それも実力のうちやと、言っていました。

岡潔のひらめきの分析

数学的ひらめきは、突然やってくるのですが、その突然が起こるコンディションを、岡潔はきちんと記憶し分析し、エッセーにさまざまな事例を書いています。

その記述を少し要約すると、パートナーと口論して家を飛び出し、行きつけの理髪店で耳そうじをしてもらっているときに、数学上のある事実に気がついて、証明のすみずみまでわずか数分のあいだにできた。また、夏休みに九州島原の知人の家で、碁《ご》を打ちながら考え込んでいたあとのこと、帰る直前に雲仙岳《うんぜんだけ》を自動車で案内してもらい、トンネルを抜けて海がパッと真下に見えたとたんに、難問が解けた。これが、天才のひらめきなんですね。

岡潔の専門は「多変数解析函数《かんすう》論」。「フランス留学時に生涯のテーマと決める。その分野で世界中の数学者のあいだで未解決だった三つの超難題を一人ですべて解き、天才数学者として世界にその名を轟かせた」と前述の本にあります。

数学者というと、百年ものあいだ、だれも解くことができなかった「ポアンカレ予想」という数学上の難題を解決したロシアの数学者グレゴリー・ペレルマンを思い浮かべます。ＮＨＫスペシャル「１００年の難問はなぜ解けたのか」を見て知っていました。だれとも会わず自室に閉じこもって難問に取り組み、命をすり減らすようにすさまじい努力をするのです。そしてその難問を解決するのですが、そのまま失踪し消息を絶ちます。そうした数学者が持つ超集中のイメージと、岡潔という数学の天才は、ずいぶんと違うのです。

言っておきますが、数学のことなど私はなにも知りません。わからないのですから興味もわかない。しかし、私は岡潔にとても深い親しみを感じています。きっかけは、数学とは情緒をもってしなければ解決しないという彼の思想。それに岡潔と小犬が一緒に飛び上がっている素敵な写真。その偶然の一瞬を捉えた写真（『岡潔 日本のこころ』所収）のエピソードは微笑ましくも、ユリイカ（ギリシャ語で「わかった」の意）の瞬間を見せてもらったように思うのです。

便利を選ぶことは時間を捨てること

『岡潔 数学を志す人に』には、次のような一節があります。

泊った宿屋の女主人から「うちの子には珠算もピアノも生け花も舞踊も習わせています。まだ足りないでしょうか」とたずねられ（中略）どうもこの人は子供の時間を残りなく何かで塗りつぶさなくてはいけないと思っているらしい。しかし人は壁の中に住んでいるのではなくって、すき間に住んでいるのです。むしろ、すき間でこそ成長するのです。だから大脳を熱するのを短くし、すき間を長くしなければとうてい智力が働くことはできまいと思われます。

壁とは、大脳を熱する時間であり、壁のすき間とは、何者にも束縛されない、依存しない時間です。自分でなにかしらする時間です。この場合携帯やゲームは依存です。依存しないでなにもしないという状況で、ぼーっとしていてもいいと思います。それでも自動的になにかを考えたりしますから、それは暇を楽しんでいるのだと思います。暇を嘆いて、つぶしてはいけないと思います。それはもったいない。

電子レンジでチンする時間。それがたった五分でも、自分でその五分という時間を捨てているのです。便利を選ぶことは時間を捨てることにもなるんです。原始的にお鍋で温めれば、焦げるかもしれない。でも、それをおもしろがればいいんですけど。まっ、五分間ぼーっとするのもいいと思います。

私は若い頃タバコを吸っていました。当時、ヨーロッパ行きの飛行機の中は禁煙ですから、タバコが吸いたくても吸えません。仕方がない、そう思うと、ぜんぜん吸いたいと思わなくなります。だから、娘が生まれた瞬間に、ポケットにあったタバコを捨ててから、一度も吸いたいと思わなかったんです。

腹が据《す》わるということがあると思います。諦めることかもしれません。だれにも頼ることができなくて、自分で進めるより仕方がない、やらんとしゃーないと思えたとき、気分か、考えかは知らないけれど、サッと変わるんです。かしこい子どもは、助けてもらえることを知っているから泣くのです。だれもいなけりゃ、泣き止んで、一人でスッと立ち上がるでしょ。諦めることで変わるんです。

みなさん大丈夫でしょうか、めちゃ話が横道にそれているように思うんです。でも、こんなこともう二度と書く機会はないと思うと、書くほうを選択してしまうのです。とにかく連想したのです。もしかしたら、ここからさらに発展しそうな気がするし、忘れないように、メモがわりにしているのかもしれません。

読むことより、読みたいと思うこと

岡潔が数学と言っているのは、計算方法を学び、計算の正確さやスピードを競うことではありません。それなら人間はコンピューターにかないません。彼の数学とは、だれも知らない新しいやり方で三次方程式のような問題を解く方法そのものを見つけることです。もしくはなぜ解けないかという証明に興味を持つことです。そういった天才になる方法をエッセーで教えてくれているのです。

曰《いわ》く、「本だって読むことより読みたいと思うことのほうが大切」ですって。その言葉を聞いてなんだかすごくうれしいです。

岡潔は情動という情緒をまず大切に思っているのです。彼は布団の中に潜《もぐ》り込んで思考する癖があるので、いつも布団はしきっぱなしにしていたそうです。自分の中から天才が出てくるのを待って、考古学者がエジプトの遺跡の発掘作業をするように、心の細やかなひだをずっと見つめていたのでしょう。彼は人間の命の奥深くに、数学と結びつくなにかがあることを知っていたのです。それはあなたにもあるなにかかもしれません。

たしかに、ご飯を食べるより、料理することのほうが大切だと思います。結局は食べるのですが。

数学は、命の中にすでに在る

唐突ですが、奄美大島の海にアマミホシゾラフグという可愛らしいフグがいます。その小さなフグが、砂地の海底に、美しいイスラム寺院の天井に見るような立体の幾何学的な構造物をつくるのです。それはまるで人間がつくった神殿のような造形です。

二十年くらい前から海底のミステリーサークルと言われて、だれの仕業《しわざ》かとダイバーたちの話題になっていたそうです。それが二〇一一年、新種のフグが複雑なサークルをつくる様子が撮影されたのです。それはメスを呼ぶ求愛行為で、そこが産卵床になります。私は体長一〇センチほどのフグが、二メートルもある美しい立体模様をつくることをニュースで知って驚いたのです。

私は、そういう数学的なものが小さな魚の中に在《あ》ることに感動するのです。その驚きを共有したくて、この感動に共感してくれそうな知り合いにメールを送りました。

ですが案外冷静なんですね。みなさんはいかがでしょうか、このフグすごいと思われませんか。

人間の知恵が生んだ数学がフグの体の中に在ったんです。小さなフグが体の中に在る数学的な造形をはき出し、観客のために、数学的美を見せて表現（クリエイション）しているのです。蜘蛛《くも》も幾何学的な美しい巣をつくりますね。生き物の命には数学的なアートが在って、人はそれを美しいと感じているように思います。

ニューギニアに生息する極楽鳥の求愛行為のダンスの美しさもそうです。そうした秩序ある「美」は、常に命とかかわっていると思うのです。数学は命の中にすでに在るんですね。

ちなみに、私のTwitterのヘッダー画像はアマミホシゾラフグのサークル。海底の構造物と人間のイスラム造形を組み合わせたものです。なんでアマミホシゾラフグなのって聞かれていたのですが、これは私のメメントモリのようなもの、心にとどめておきたいものなのだと思います。

身体の細胞で覚えている記憶

なにかの事故で脳を損傷した人が、突然天才的な能力を発揮することがあります。それは後天性サヴァン症候群（高次脳機能障害）と言われるものです。

自動車事故で脳を損傷して十年間の記憶を失い、突然娘の絵の具を借りて、「生命」としか思えない光り輝く点描画を描き始めたのが、ディジュリドゥ（オーストラリア先住民族の伝統楽器）奏者のGOMAさんです。彼の物語をテレビで観て感動して、すぐに彼にDMで連絡したのです。後日、彼から連絡があって個展に出かけました。そのときは、彼は自分の置かれた状況に戸惑っているように思いました。

先日彼と数年ぶりに会ったら、絵を描きたいというよりも、情動、使命感のように思うようになったそうです。冷静に自己を見つめられるようになっていた彼によると、人間には脳で知識として覚えている記憶とは別の、身体の細胞で覚えている記憶があるとわかるそうです。「脳は数パーセントしか使われていないと言われるけれど、人間には未知の能力があると思う。自分の直感を信じて、自分を大切にして生きてください」と。

天才性のお膳立てをする

岡潔の数学的大発見と同じクリエイションをしている人があります。それは元メジャーリーガーのイチロー氏。

あっそういうことか、とみなさんは思われているのではないかと思います。彼はここ一番の大試合で勝ち越しタイムリーヒットを打って、「自分は持っている」と発言したことがありました。持っているというのは、偶然ではなくて、すでに用意されていたということです。そのヒットは、岡潔の大発見と同じだと思います。

イチロー氏は、偶然を導き、偶然をものにする。偶然のお膳立てのために、時間をかけて毎日のトレーニングを丹念にしていたのです。それが緊張と緩和。緊張は努力、緩和とは気を緩めるというよりも、緊張がほどけたときの伸びやかさ、自由自在になる瞬間のことでしょうか。それは無心（無性）だと思うのです。なにをしているかさえ忘れてしまう感じです。偶然が起こる確率を高める精神性と、偶然をものにする確率を高める身体性を、イチロー氏はただ一人で磨いていたのです。

それをただの偶然と思う人は、なにも考えずに寝ていても問題ないでしょう。でも、天才は、自らの経験から、偶然は当然の帰結、起こるべくして起こると考えるのです。多くの天才は、大発見のコンディションづくりを意図的にやっていると思うのです。本能的に知っているのかもしれません。チャンスにめっぽう強かった元ジャイアンツの長嶋茂雄氏の天才ぶりを……彼の話しぶりや私生活のエピソードから……おもしろがる人は多いです。そういう受け取り方をされたのは時代だと思うのです。

今なら、将棋の羽生善治《はぶよしはる》氏と同じように、彼の心(精神)あるいは脳の働きがどうなっているか、心理学者や脳科学者が協力し合って研究していたかもしれません。ホームランを打つ技術を力学、物理学で解明して、確率を分析して、頭に叩き込んでも、ホームランは打てるものではありません。

小林秀雄、青山二郎、河井寛次郎、棟方志功《むなかたしこう》、このあたりの天才もそういうことだと思います。でもそれは後世に名を残すような人物だけのものじゃなくて、だれにでもあるものだと思います。だれでも未使用の天才性を持っているものだと思うのです。

学生時代どうにもならなかった不良少年が、社会に出て成功するのは、脳が自由だからでしょう。どこかスコンと、いやスカッと抜けていないといけないのです。坂口恭平の天才性もそうだと思います。この人は自分の経験から、じつによく考えて、意図的にそれをしているように思います。

落差が必要なんです。落差とは緩急、緊張と緩和です。そういう意味では、企業や政治などのトップにいるお方には、安寧《あんねい》にとどまらず、日本芸術文化、進化のために、創造と破壊の連続をもって、意図して落差をつくることで、自身の天才性が表れるお膳立てをして、発見を導きだし、新しきをもって導いていただきたいと願っています。

もの喜びする人

天才が表れるコンディションの土台づくりには、それぞれのやり方があるのです。ただ真面目に勉強していてはいけないと小林秀雄も言っています。

「バカになるもとは学問にあったんです」
「学問が人間をバカにするんです」
「人間の生きた知恵を学問が奪うのです」
「学問をして、みんな利巧になったから、日本はおかしくなったんです」

と、繰り返し力説して教えてくれているのです。この小林の話の前後はとても興味深く展開しているのですが、またいつか別の機会にお話しします（「大和魂は女コトバ」

「［新潮CD］小林秀雄講演第一巻」より）。

あの小林秀雄が、岡潔との対談（『人間の建設』所収）では、少し遠慮しているように思うのは私だけでしょうか。そうした神秘的なひらめきを信じる岡潔の文章に「調和」「情緒」「連想力」という言葉が出てくるのですが、それらはとても重要なことのように思います。

私なりに解釈しますと、「調和」とは、自然と人、人と人、人とものあいだ、あるいはもっと大きなものにある健全な関係性。「情緒」とは、そのあいだに起こる心の働き。「連想力」とは、一見関係ないと思われるそれらのものをつなぎ、活かす力です。たぶんダジャレもその一つです。そのダジャレは……素人の場合は……あくまでひらめきに基づく即興でなければおもしろくないのです。偶然を取り込むところに、喜びをともなったパワーあるおもしろさが、生まれるからです。

岡潔は、数学的大発見の多くは自然と結ぶようだと言います。ある風景を眺めているとき、自然の風景に恍惚《こうこつ》としたときなどに、成熟を待っていたものが顔を出すのだそうです。前述の本『春宵十話』の「発見の鋭い喜び」に書いています。

私についていえば、ただ数学を学ぶ喜びを食べて生きているというだけである。

そしてその喜びは「発見の喜び」にほかならない。

そのとおり！　って、また、岡潔を自分と並べて話して申し訳ない。小さな気づきでも、自分で気づいたことはなんでもうれしくなるのです。喜びがあるんです。関西では、ちょっとした変化に気づく人のことを「もの喜びする人」って言うのです。それは、幸せになる人。そういう人は、自分の周囲の人たちを幸せなムードに巻き込んでしまうのです。

今、宇多田ヒカルのデビューアルバムを聴きながら書いています。time will tell♪ちょっと恍惚とした気分です。そのアーティストが一番伸びる瞬間の楽曲は……ビートルズ、ビヨンセ、レディー・ガガなど、ジャンルはさまざま、他多数……衝動感があって輝いているんですね。それは、気分のよいとき、うれしくなったときに聴く音楽です。

緩急を使い分ける技術を知り、自在になる

私は料理研究家ですから、料理の話をしないといけないですね。人は私からこんな話を聞きたくないって思っていると思うからです。

料理だって、もちろん同じです。料理は、ときにより、必ずしもおいしいものはできません。和食の場合、とくにその多くを食材に依存するのですが、ある食材に正しく反応できるか、といった要素が重なった結果が味に表れます。坂口恭平が「偶然とダンスするようにして完成した料理」（『cook』）と言ったのはこのことです。

味覚とは報酬系の感覚です。予想を超えておいしければ、ご褒美ですから、その結果には、必ず喜びがともなうのです。一方自分の予想よりもだめなときだってあります。その理由を潜在的には知っているはずですが、知らなかったことに気づけば、それもまた喜びになるのです。その予測と現実の誤差を考えることが料理研究です。

ちょっとしたことで結果が変わることを知り、プロセスを意識できるようになること。それは料理以外でも同じでしょうし、歳を重ねても、気づき続けることができます。

若いうちは速球投手で、年齢とともにストレートのスピードは落ちても、変化球を交えたピッチングスタイルを身につけられる投手が大成するのだと思います。二つの顔を経験することによって、緩急を使い分ける技術を知り、自在になれるのだと思います。

地球と料理は隣り合わせ

今回は「地球と料理」のことを書こうと思っていました。それがずいぶんと遠回りしてしまいました。

直接、「地球と料理」という本題を書き始めるのは、速球勝負を挑むようで、私には無謀なことで、怖くって、逃げ出したい感覚があります。その周辺をうろうろしながら、手探りに、無意識に、近づいていたのです。いずれにしても逃げられないのですが、少しリラックスして、いいのが出れば（書ければ）、うれしくなって、楽しくなって、広がり、やがてかすかな重なりから、たしかなものになってくるのです。

これを書き始めたときには、この原稿全体の構成なんて考えていなかったのですが、今、ようやくそこに辿り着き、整ったように思います。

地球と料理は隣り合わせにあるのです。

先日文藝春秋の『文學界』の人に頼まれて、「坂口恭平のすごさ」をテーマに文章を書きました（二〇二一年十月号）。そこに書いたことなんですが、一部をこちらにコピペします（お許しを）。

坂口恭平を知ったのは、彼が書いた料理書「cook」（晶文社）を読んだからです。当時、ひどい鬱で苦しんでいた坂口は、食べることに逃げないで、立ち上がり、米を研ぎご飯を炊いて、味噌汁を作ることで、料理が鬱を改善すると気づくのです。それから、料理するたびに、料理の意味に気づき、発見し、しまいには鬱を治してしまうのです。生きるとは料理である（中略）……「料理という芸術」「料理の哲学」「料理は医療」なんて言葉で言われることもあるけれど、僕は逆だと思う。「芸術が料理」「哲学が料理」「医療は料理」なのである。すべての人間のなすことが、料理に集約されるのではないか。

あれもこれも料理から始まっているのです。養老孟司先生は、大脳皮質の働きから人間の言葉の始まりを考えますが、私は料理からすべてを考えています。坂口恭平が言うように、原点である料理の始まりと今をつないでいるのです。物事の始まりと、今がわかれば、そのあいだにどんなことがあるのかを、考えることができるからです。

一汁一菜は念仏である

私は、二〇一六年から、「一汁一菜」でよいと言ってきました。それは単に楽ちんな食事をつくるというよりも、料理することをやめないでほしかった、逃げないでほしかったんですね。同時に、家庭料理という文化を守ることもできるし、和食を守ることもできると思ったのです。

和食の「もったいない」という言葉は、地球環境を破壊する大量生産、大量消費を緩和できるでしょ。私はマザー・テレサの言葉を転用して、一人の人間になにができるかという問いに、「早く家に帰って家族を愛しなさい」と答えています。ありえないことですが、もしすべての人間がそれをすれば、問題が解決するんです。

家庭料理とは、子どもの居場所をつくること、命をつくる（守る）仕事です。そのとおりでしょ。人間は栄養摂取のためにご飯を食べるのではない。料理されたものを食べる、料理したものを食べさせる、料理して食べる、のが家の食事です。人間と人間のあいだに情緒が生まれるのです。

料理する道具が美しいのは、料理する行為が純粋だからです。それを柳宗悦らが民藝と呼んだのです。なぜ美が生まれるのかと考えて、『美の法門』に記した美の宗教に至るのです。

それ以前に、自然と深くかかわる人間の暮らしのいたるところに美を認め、暮らしの美を際立《きわだ》たせたのが千利休の茶です。その偉大なる仕事は、美をもって宇宙の秩序を示したようにさえ思えます。

美とは岡潔の言う数学的情動の情緒です。そうしたことが「一汁一菜」にはあるのです。だから、「一汁一菜」は念仏だと言ったのです。そう考えると暮らしは修行です。修行だとすれば、緊張と緩和があります。あるはずです。なければ耐えられません。厳しければ厳しいほど、心の中には、無限の遊び、楽しみが見つかるはずです。実際にそのとおり。しんどければ、サボればいいんです。どうぞ、お休みください。サボッた瞬間にひらめきます。

心配しなくてもあなたは新しい

自然を尊重する和食の観念は、なにもしないこと。色も姿もそのままに味さえつけたくないのです。簡単な例ですが、エビフライには塩で下味をつけますが、天ぷらには下味をつけないということです。もちろんお造りにも味つけしません。食べる人が、塩やだし、醤油をちょっとつけるだけですね。

ですから和食の原点は、山菜の毒素を含むアクを抜いて、箸で食べられるように清らかにすることです。それを、今できうるもっともふさわしい器（場との関係）に盛るのです。人間はなにもしなくてよいのです。料理をきれいに盛ることで、あなたは自然をもてなしているのです。

自然は止まることを知りません。ゆく河の流れは絶えずして……『方丈記』です。ですから、料理する人も新しい自分になっていなければなりません。昨日の自分に頼らないことです。何度もつくっている料理でも初めてつくるのです。だから、うまくできるかどうかわかりません。わからないから、少しドキドキします。どうか、新しい自分を信じてください。

そうでしょ。あなたを構成する数十兆もの細胞は日々生まれ変わっているのです。心配しなくてもあなたは新しいのです。新しい自分が初めて茹でるインゲン豆を、慎重に、自身の万能のセンサー（感覚所与）を使って茹でるんです。水にとれば、あく（黒み）を落としたインゲン豆の鮮やかな緑の美しさに驚くことでしょう。「あーうまくいった」って、緊張が解けてほっとするでしょう。うれしくなるのです。感動するかもしれません。料理ってすごいんですね。

和食はなにもしないことって言いました。でも、自分がなにもしなくても、食材、食べる人、食べる時間などの条件によって、なにかをすることになるのです。なにかをしようと思っているうちは気づかないことを、なにもしないことでいくらでも気づくようになるんです。

料理は人間が地球上で生きる作法

いつも新しくなるんです。お料理が変わります。いつも変わるのです。実際、「一汁一菜」に気づいてからの私は新しい調理の発見をたくさんしています。料理研究家としては、そこをわかってもらわんと困ります（笑）、ちゃんと見ていてくださいね。料理をすれば、新しくなるのですから、今はいくらでも新しいレシピがつくれるんですね。いつも新しいのです。

料理とは人間の創造の始まりです。人間は料理を地球上で生き延びる手段、戦略としたのです。料理することで生きてきたのです。この消化の外部化（切る、火を入れるなど）によって、考える時間とエネルギーができて、知恵を生んだのです。その知恵が働きすぎたんです。その知恵を信じすぎたんでしょうね。その知恵に頼って、知恵に依存していると、新しくはなれないんですね。

すべての生命は生きていくために、他の生命に依存します。そこに生態系という……宇宙のような……循環することで持続する命の輪があるのです。人間は料理してきれいに整える。すなわち器を選び、取り合わせ、盛りつけるという一連の行為は、人間が自然をもてなしているのです。

アイヌの祭りごととして知られるイヨマンテ（クマ祭り）では、準備としての「料理」は活動（労働）で、「食べる」は休息（お祭り）です。おいしいと感じられるのは、人間が自然に対して、きちんと接すればこそのご褒美です。自然から力をもらって元気になれば、また明日からがんばれるでしょう。

私たちの日常の食事とは、自然と人間の関係を、健やかに維持循環させる行為です。だから、料理は人間が地球上で生きる作法だと言うのです。

「地球と料理」は、無償の行為として純粋に料理したものを「料理」とすることを前提として、ようやく、語れるのです。

地球の理想と人間の理想

和食の観念は、お天道様の光に生まれた秩序にあって、自然を守り、すべての命の存在を認め、自然の中にある人間の生き方を、必ず美をともなって教えてくれるのです。それは「きれい」というひと言に表れます。

私たち日本人は、真善美という、人間にとってもっとも大切な一切を、日常的に「きれい」と言います。真実であること、善良であること、美しいこと、という人間の他との接し方です。

岡潔は、前掲書『春宵十話』の「情操と智力の光」という項で、以下のように言っています。

理想とか、その内容である真善美は、私には理性の世界のものではなく、ただ実在感としてこの世界と交渉を持つもののように思われる。芥川龍之介はそれを「悠久なものの影」ということばでいいあらわしている。理想の姿を描写したことばを紹介できないかと思って随分探したけれども、一つも見当たらなかった。しかし理想の姿がとらえたくて生涯追求してやまなかった人たちは古来数多くあげられる。この事実こそ理想の本体、したがって真善美の本体が強い実在感であることを物語るものではあるまいか。私にはそう思われる。理想はおそろしくひきつける力を持っており、(中略)これは違うとすぐ気がつくのは理想の目によって見るからよく見えるのである。そして理想の高さが気品の高さになるのである。

地球の理想と人間の理想は間違いなく一つにつながっているのです。

4

味つけはせんでええんです

子どもが一番よく聞かれる質問

幼な子にゆっくり時間をかけて炊いた粥《かゆ》を食べさせながら、「おいちいっ?」って親は聞きます。少し大きくなってからも、折につけ「どう、おいしい?」って、子は聞かれ続けているのではないかと思うのです。

そのうち子どもはなにも答えなくなっていくものですが、もしかしたら、大人になるまで、子どもが一番よく聞かれることが、「おいしい?」かもしれません。外国の親も同じかは知りません。昔から「おいしい」って、それほど重要だったのでしょうか。こういうことは少なくとも近代になってからのことだと思うのです。おいしいものが楽しめるようになってからのことでしょう。

昔の料理人はお客さまに「おいしかったよ」とほめられても、「それは材料がよかったからです。私はなにもしておりません」とまでは言わないにしても、たいていはそのように考えていました。「このうまい酒はおれが造った」なんて言う杜氏《とうじ》はどこにもいなかったのです。

一九九二年、「おいしいもの研究所」は妻と私が始めた会社の名前です。九九年、大阪から東京に来て、早稲田大学エクステンションセンターで教えるようになったときの講座名は、「おいしさ概論」。おいしくするための調理（技術）の理論を座学で教えたのです。二〇〇六年、『土井家のおいしいもん』（講談社）、一五年、『おいしいもののまわり』（グラフィック社）を刊行しました。一七年、BS朝日の高級グルメ番組「美食探訪」での私の決まり文句は「おいしいに決まっている」でした。一八年から、新幹線の車内誌『ひととき』で私が連載している旅エッセイのタイトルは「おいしいもんには理由《わけ》がある」です。

なにをおいしいと感じるのか、なにがおいしいと言えるのか、なんでおいしいのか、振り返っても、私はずいぶんおいしいを意識してきたのだなあと思います。

大事件

別のところですでに書いたことですが、どこかの食堂で大人がライスカレーにソースをいきなりドボドボかけるのを見て、子どもの私が真似をしてソースをかけたら、「つくった人がいるのだから、食べてみて、足りないようならかけなさい」と父にたしなめられました。

それはもっともなことですから、以後、ライスカレーにウスターソースをかけることはやめました。世間でも、ソースをいきなりかけるのは失礼だというのが常識になって、なかば、してはいけないことのようになって、食べる人の自由がなくなっていったのです。

食べる人がつくる人にそうした敬意を示し始めると、つくる人はだんだん味つけを意識するようになるのです。やがて日本中の母親は、まるでシェフのごとく、料理の味に責任を持たされるようになるのです。ドラマなどで料理するというと味見のシーンが多くなり、料理上手とは味つけ上手ということになりました。

今考えると、これは大事件だったのです。まだまだ専業主婦の時代、それをプレッシャーに感じる若い母親もあったと思います。自分がつくったものの味が気になって、心配で、「どう、おいしい?」って聞かずにいられなくなるのです。これを承認欲と言うそうです。そして、おいしくないものは、だめなもの、存在してはいけないものになってゆくのです。

そうなると食べるだけの家族はつけ上がり、殿様になって、評論家になって、「味が濃い」とか、「薄い」とか、いちいち言わなくてもいいようなことを、つべこべ言うようになるのです。きっとそうです。今では、子どもが「コクがない」とか、「だしが効いていない」とか言うのかなあ。

味つけは、食べる人が好きにしていた

私が子どもの頃の食事はおおらかでした。なにがおおらかかって、味つけは、食べる人に委ねられていたからです。うちの大叔父は、温かいご飯に冷たい牛乳をかけて食べて長生きしました。

それを、いいとか、悪いとか、だれも言わないし、みんな好きにしていたのです。大叔父は自分で河岸《かし》（市場）に出かけて料理して、食べること、料理してふるまうことが大好きでした。

祖母が母の料理についてとやかく言うことはなかったし、味つけに文句を言ったなんて聞いたこともありません。食事どきに言うことは、食材のことにかぎられました。

「今年の米はようできとる」といった具合です。

その頃、家の食卓には、くるくる回る回転式や蓋《ふた》のできる調味料ケースが置いてあっ

て、醤油、塩、ウスターソース、ふりかけ、味の素が、うめぼしや佃煮《つくだに》と一緒に収まり、いつでも使えるように用意されていました。まだ、マヨネーズやケチャップはなかったなあ。それを食べる人が好きに使っていたのです。自由に、かけたり、ふったり、していたのです。

その頃はまだ、外食の習慣がそもそもないのですから、食堂でライスカレーをつくっていた人たちも、ほとんどの人がおいしいカレーなんて食べたことがなかったのです。見よう見まねで、あるいはイメージだけで、これでいいのかどうだかわからないで、そういう感じの食べものをつくっていたんです。

存在を知っていても、食べたことがないものを、おいしくつくろうなんて無理なんです。肉じゃがをつくるように、少しの肉やら玉ねぎやらを炒《いた》めて、メリケン粉とカレー粉をふり込んで、ゴロゴロした野菜が煮崩れるまで煮込んだんでしょう。本来、ライスカレーはスパイスの辛さと油脂を食べる満足だから、それはカレーとは言えないかもしれないけれど、それなりのものにはなったのかなぁ。とろみもコクも薄いカレーソースに、キョトンとしたとろみを強引につけた感じでした。

そんなカレーをおいしくするために、ケチャップやジャムや醤油や味噌を入れて味つける。コクが出そうなものならなんでも入れてみて旨味を重ねるのが、一般的なつくり方の主流になっていったのです。

でも本当は、料理って味つけで誤魔化せるものではないのです。そもそもベースのカレーがまずければ、なにを入れてもおいしくはなりません。逆に、ベースがおいしければ、少々なにを入れてもおいしくできあがるものですね。

料理がわかれば、生きやすくなる

……「えっ、料理って味つけでしょ⁉」という方も多いと思います。だから、これを書いています。少しずつでも、おわかりいただけるように書いているのです。

料理の味やおいしさについて、いろんな人がいろんなことを「そうだ、そうだ」って勝手に信じて論じているんですね。だからややこしくこんがらがった料理情報を整理して、わかりやすくしたいと思っています。

「おいしさとは？」を、みんなで共有できるようになって、料理とはなにかがわかれば、つくる人にとっても、食べる人にとっても、みんな生きやすくなると思うのです。食事は、死ぬまで続きますから。

「好きなもん食べたらいいやん」って？「そんなややこしい話はいらないよ、おいしかったらいいじゃないか」って？だったら、そのおいしさを説明してください。できないんですね。

相手がなにをおいしいと思っているかさえ、わからないのです。私も、めんどうくさいこと言ってるなあ、と思います。人に言われたくないと思うのです。でも人間の生活の問題は、いつもそこから始まっていると思いませんか。

味覚は言語中枢とつながっていませんから、論理で完全に摑むことはできなくて、感覚によって摑む以外に方法がないのです。おいしさ（料理）は、自然と人間、人間同士の問題ですから、個人的な問題では済まされない。話が長くなっても続けるのは、食は命にかかわることだからです。楽しいことばかりじゃありません。未来の幸福にかかわることだからです。

おいしさの土台

私が子どもの頃のホテルのフランス料理というのは、どこも同じメニューだったんです。ポタージュスープまたはコンソメスープ（温製・冷製）、小エビのカクテル、ミモザサラダ、ビーフシチュー、クリームシチュー、ビーフステーキ、チキングリル、ムニエル、ハンバーグステーキ、コロッケ、グラタン、それにビーフカレーと、だれもが知っているお料理でした。

一九七〇年代に、ポール・ボキューズが、ヌーベル・キュイジーヌを提唱する以前は、今のように想像もできないような創作料理というのはあまりなかったんですね。

新人料理人にしても、食べたことのある料理ですから、基準がはっきりあって、学びやすかったと思います。

その後、料理は芸術（?･）になって、オリジナリティが重要視されるようになります。その頃には、歴史に残るようなお料理がたくさん生まれました。その後、料理に化学的技法が取り入れられ、化学の論理から分子料理なども生まれたのです。

そうした料理は、本来の人間の感覚所与に依存するおいしさから離れてしまいます。その料理のおもしろさは新しさであって、おいしいが目的ではなくなります。おいしさの基準はどこにもないし、判定のしようもない。これまでだれも食べたことのないものが、お皿に載る。そういうお料理で一世を風靡《ふうび》しているレストランも世界にはあるのです。変わっている、訳がわからない新しさを、喜ぶ人……おいしさを求める現代の日本人には理解しにくいものですが……によって成り立つのでしょうね。

それはふつうのおいしいとは意味が違って、結論がない、オチがない。未来につながる安心もありません。やっぱり人を喜ばせるおいしさは、ベーシックな人間の感覚につながるものだと考えています。

フランス人の日常で、日本の一汁一菜に当てはまるのは、チーズにパン、温かい野菜スープと果物。それに加えて私たちが魚を焼くように、彼らはなにかしらの肉（種類が多い）を焼けばよいのです。そうした日常の経験がおいしさの基本になって、その上に日常と対比して、レストランのクリエイションは生まれているのです。

食事におけるクリエイションは、地に足のついたおいしさという土台（地球）があって、その上に、形、味や色や香りや温度やスパイス的な刺激をプラスした重層的な違い（変化）を見いだす工夫でよいのです。それなら、味噌汁にトーストした葡萄《ぶどう》パンとバターを入れて食べるのも、クリエイションですね（案外いけますからやってみてください）。食事の無限のクリエイションの起点は、食べる人の経験に依存するのです。

サービスの方に言っておきたいこと

明かりを落とした雰囲気のいいレストラン。あなたの前に置かれたお料理は、見たこともないお肉のような魚料理かもしれません。周囲には、さまざまなソースと、形状の違うパリパリした魚の部位と、色とりどりのディップが載った煎餅《せんべい》のようなものが散りばめられ、刻んだ緑の葉っぱ、赤い葉っぱ、全体を締めるような黒い粒々があり、白とピンク色のクリーミーなソース（？）が添えられています。もうなんだかわからないけどおいしそうな感じ……かな。

そこで、腕利《き》き、いや口利きのサービスが説明を始めます。その人は、澱《よど》みなく、かなり長く、食材のいわく因縁《いんねん》、つくり方を丁寧に、ときに小さなガッツポーズを入れながら解説してくれるのです。「だからうちのシェフはすごいのだ、心して味わえ」と言っているようです。そんな感じ……ここがサービスの見せ場です。

ここで本題とは関係ありませんが、サービスの方に言っておきたいことがあります。サービスの方が料理をさし示す指先が、私の皿のお料理にかなり接近しているのです。「指をさしてはいけません」と教えられて育った私には、サービスの方の指さしがとても気になるのです。気持ち（気合い）が入っているので、きっと指先からなにかが出ているように思います。それが気になって、説明が頭に入ってこないのです。

私と私の料理はすでに以心伝心の状態にあるので、私まで息ができなくて、呼吸を止めてしまうのです。たいていは気を遣《つか》ってくださって、私の横に立って説明されるので、サービスの彼から私のことは見えていないんです。ふうー、やっと終わった。しかし、この晒《さら》し者にされ辱《はずかし》めを受けたお料理を私が食べることになるのです。

ご一緒している方に不愉快な様子を見せてはいけないから、グッと堪《こら》えて、気持ちを料理から外して整えるために、しょうもない駄洒落《だじゃれ》の一つも言うのです。まあ、食べ始めれば、忘れてしまうのですが。どうでしょう、指をささずに「時計回りで……一時方向にあるお料理は……、九時のソースは……」と説明するだけでもいいように思います。

料理は「あーしたらこうなる」ではない

この説明が、食味研究者の言う「現代人は情報を食べている」ということなんです。「六二度で三時間加熱したものです」。「今年最後の鴨で熟成しております」。いやもっと複雑な調理法を、あーだこーだと説明してくれるのです。「……だから、おいしいのです」とまでは言いませんが、「そこまでしているのだから、おいしいに決まっている」ということです。もうだれも否定できません。「あーしたらこうなる、こうしたらあーなる」と言って、「おいしい」のお膳立てを周到に整えていくのです。

はい、それで幸せならいいんです。でも、私は「あーしたらこうなる」とは思っていませんから、そういう仮説には絶対に惑《まど》わされないのです。

「あーしたらこうなる」という化学の論理は、自然に生かされる私たちの生活にも、人間関係にも、料理にも当てはまりません。自然も人生も複雑で、そんなに単純にうまくいくはずがないことは、よくわかっているはずです。

しかし、フランス料理をはじめ、創作的なお料理は……いない神をいると信じさせる努力と同じで……訳のわからないものを意味があるようにしないと、存在意義がなくなってしまうのです。いやもちろん、いろいろなレストランがあるのです。伝統と今をうまく融合させたレストランや、素材中心主義的なレストランは、日本的感性に近いですね。いろいろなおいしさが生まれてきているという話です。

こんな手の込んだ解説は、イタリア料理店や日本料理店では不要です。だって見たらわかるでしょう。和食がフランス料理の真似なんてしないでよいのです。器に盛られたお料理を見て、季節を喜び、箸でつまんで想像して口に入れるんですね。自分の想像を超えておいしければうれしくなるでしょう。自分で感じとるから、一層おいしくなって楽しめるのです。

春から初夏は山菜の季節です。山に入って、タラノメや蕨《わらび》を自分で見つけるのが楽しいのです。「ここにありますよ」って、「どうぞ取ってください」って、案内してくださった人が親切に教えてくれるのです。一つ二つならいいですが、子どもじゃあるまいし、次は自分で見つけたいなあと思います。自分で見つけるから楽しいのです。

一瞬の気づきの努力を「探し味」という

もう少し話を進めます。プチフールのような小さなお菓子が前菜に出されます。「これはバジル、これはズッキーニのペースト、そちらはトリュフを練り込んだ、一口サイズのオードブルです」。口に入れてから、一つひとつの注意ポイントをサービスによって示されるのです。

「ボナペティ（めしあがれ）」。シャンパンなどの食前酒とともにそれを一つつまんでゆっくり口に入れて、歯を軽く当ててかじります。しばらくすると、香りが浮かび上がって、ハッと気づいて、これはバジルだとかわかるわけです。

その気づきに喜びがあって、それをおいしいと言っているのです。

現代フランス料理が行き着いたそういう楽しみ方は、日本では、はるか昔から、ふつうにやっている食事の楽しみです。日本の楽しみがフランスのそれと違うのは、サービスが提供した情報ではなく、すでに前提としてある季節のもの……かなり複雑で細やかなもの……の変化にハッと気づく楽しみであるところです。

視覚的なこともありますが、口中に含んだのちの、一瞬の気づきの努力を「探し味」というのです。それは経験に基づくものですが、未経験なものでさえ、自分の経験との誤差を感じとることで味わうことができます。気づきは喜びです。

その気づきについて、なにかを深く考えろ、ということではありません。同席の人の様子を見て、間を置いて、言葉に出してもいいですが、なにも話さなくてもよいのです。これが「もののあはれ」です。それは、流れるばかりの時計時間に、「今」という楔《くさび》を打つ行為です。俳人ならしっかりと留めるために、一句を詠んで美しい言葉に置きかえるかもしれません。

清らかさという無味を感じる

これまでにも、日本料理の根底には「なにもしないを最善とする」という思想があることを話しています。それは自然を中心に生きる人々が、オートマチックに身につけたものの考え方です。

姿はそのままに、味さえつけたくない、なにもしてはいけない。

私たちの注意は、いつも、なにもないにあるのです。昔の人は無意識にそれを持っていたのです。私たちのそうした感覚は、すでに弱まっているようです。しかし同じではないにしても、失っていない、そういうものはちゃんと持っていると信じます。日本人の清潔感とは、「なにもない」を好むことのあらわれです。なにもないところに、ごく小さな変化が表れるとき、私たちはそれに気づくことができるのです。ですから、味つけは飾りであり、ときに邪魔にさえなるのです。そこがわかると私たちは、そこになんらかの理由で表れたものを認め、喜ぶことができるのです。また、その訳を知りたいと思うのです。

なにもないものとは「きれいなもの」「純粋なもの」です。純粋なものに、塩を少し、醤油を少し、つけて食べると、塩気が存在の輪郭となって、素材が際立つのです。さらに咀嚼《そしゃく》することで食欲を満たすと同時に、別の気づきがあるはずです（ちなみに、そうした食べ方がもっとも減塩になるそうです）。

純粋で清らかなものが基準になれば、その魚がいつどこでどのように釣れたもので、どのように処理され（締められ）、どのように包丁を入れられたかを振り返り、読みとることができるのです。そうした疑いのない自然と人の純粋な仕事の結末に表れる美しさに、感動できるのです。

私たちは、なにもないことを出発点とすることで、清らかさという無味をことのほか、おいしいと感じる能力を持つようになったと思うのです。

そして、その純粋なものを口に入れ、またなにかに気づくのです。これ以上、なにも言うことはないと思います。日本語に豊かなオノマトペ（擬音語、擬態語）があるのは、味覚よりも、触覚（熱、テクスチャー、痛み）の注意が高いためです。

なにもない草木の正しさに、小さな変化と人の心が隠しようもなく表れてしまうのです。そのコンディションをつくる前提条件が、始末のついた下ごしらえです。

「お料理下手」になる二つの理由

お料理上手とお料理下手の違いをお話しします。

日本料理はシンプルです。食材を混ぜないで、洗う、切る、火を入れて、アクを抜いて、器に装い、お膳に並べ、整えてできあがりです。あとは、食べる人が、自分の加減で、塩をぱらり、醤油をたらり、味噌を添えてもいいでしょう。

あまりにシンプルだから、西洋の家のようなレシピブックも成立しないほどなのです。これがきちんとできれば「お料理上手」です。それぞれの食文化で料理をおいしくするポイントは違います。和食の場合、どうすれば「お料理下手」ということになるのでしょう。そうなる理由は二つあります。

一つはなにかをするからです。しなくてよいことをするからです。なにかをするというのは、味を損ねるリスクがあるのです。

もう一つは、清潔という、なにもないというコンディションができていないからです。きれいな台所、まずなにもない清潔を、ゼロというコンディションとします。なにかすれば、少し汚れますからゼロではなくなります。次のことをする前に、元のゼロに戻すことが始末をつけるということです。ゼロから始まってゼロに戻すこと、それが始末のついた仕事です。簡単に言えば、きれいに仕事するということです。

これができていないと、なにをつくっても、違和感（雑味、雑臭、雑菌）だらけの料理になります。

それは気持ちの悪いものです。ちなみに、中国料理の高温で油を使って加熱する調理法であれば、調理の最終工程で一気に殺菌しますから、違和感は生まれにくいと思います。和食の基本は流行の半生《はんなま》、半熟ではなく、しっかり加熱することで、安心とおいしさが生まれます。

「おいしい」の五つの意味

「おいしい」は味覚だけで表されることではありません。「おいしい」は多様な意味で使われています。とても便利な言葉として使われているのが「おいしい」です。ここで試みに、「おいしい」という言葉の意味を、「感覚所与を通じて喜びにつながるもの」と理解して、考えを整理してみたいと思います。

一、「日常の無事を喜ぶもの」。身体を育み、健康を維持する栄養を摂るもの。日常の一汁一菜（汁飯香／発酵食品）。土地にあるものを材料にした、つくりやすく手間のかからないもの。暮らしを整え、文化を維持し、家族を守るもの。食べ飽きないもの。持続可能なもの。

二、「お祝いの喜びを楽しむもの」。行事、お祭りなどのハレの料理。おせち料理などの伝統的なもの。大勢で、つくることも食べることも楽しみ、労《ねぎら》い、自然の恵みに感謝するもの。変わらない決まりごと。土地を愛し、故郷を守るもの。

三、「感性を通して喜ぶもの」。進化した西洋料理では、人間が他者を楽しませるもの。思い出、ユーモア、刺激。古来の日本の伝統文化では、自然が人間を楽しませるもの。縁起、思い出、初物（走りもの）、季節を楽しめるもの。季節の和菓子。茶事の懐石料理。道具の楽しみ（器の取り合わせ）。

四、「本能を楽しませるもの」。味覚・嗅覚に大きく依存するもの。霜降り牛肉、マグロのトロに代表されるように快楽的油脂の濃い旨味。現代のご馳走であり外食の目的となるもの。健康によいとは言い難いもの。カーニバルのように、大声をあげてともに歌い、飲み食べるもの。喜ぶもの。権力者が好み、庶民が憧れ食べるもの。自然も人間もすぎると持続不可能になるもの。

五、「本能の快楽をともない、視覚・味覚両面の造形を楽しむもの」。洋菓子やパンなど、小麦粉、クリーム（乳製品）、砂糖、卵などからつくり出した化学的と言えるもの。本能が欲する甘味、乳脂肪、小麦粉、チョコレートなど快楽性を持つもの。香り・スパイスなどが効果的なもの。食べなくても生きていけるものであるが、老若男女の生きる喜び、ご褒美ともなるもの。祝福の場を演出し、豊かさの象徴ともなるもの。料理の世界を超えた無限のクリエイションが可能な芸術的なもの。

「一〜三」は、日本の伝統食文化、まだ残っているけれど失われてきた、私たちの食文化そのものです。「四、五」は外来の新しいものです。

「四」は世の中が贅沢になって、男社会がつくり上げたものと言ってもよいかもしれません。メインディッシュの進化（工夫）というのは火の入れ方に留まります。あくまでおいしさは素材に依存するのです。いい肉は、だれが焼いてもうまいでしょう。原初的なおいしさを求める料理には、素直な調理が一番で、妙なクリエイションはいらないということです。

「三、五」にあるレストランのクリエイションというのは、前菜やデザートに多く見られます。また、日本の懐石料理のように品数の多いコース料理（メニューデギュスタシオン）があります。それらは総じて量が少なくなって、近年は、すべての料理が前菜化、デザート化してきていると感じるお店もあります。前菜とデザートの区別さえなくなってきていると思います。

シェフのクリエイションに敬意が払われるようになると、アラカルトという客の自由は当然少なくなるのです。コースとして料理を楽しむようになってからは、ヌーベル・キュイジーヌ時代のような一皿の名料理は、生まれにくくなっています。私たちの世代では、あの一皿を食べに、遠くまで出かけて行ったのです。

まったく制約のないクリエイションを楽しめるのは、「五」のパティシエの世界だと思います。フルーツ、クリーム、チョコレート、スパイスなどを使って、自由に変化も進化もできるのです。味覚・触覚・嗅覚をもとにした食べる楽しみと、視覚・聴覚の感性を喜ばせるクリエイションがともにあるのは最強です。

世界のコンテストの配信を見ていると、美的な観点もそうですが、口中のバランスの取れた味わいを重要視しているようです。本来、コンクールの目的は技術や感性の進化にあるはずですが、食べてからの審査だと、多くの審査員が味覚に引っ張られてしまうので、審査方法の工夫も必要ではないかと思います。

季節のメッセージを楽しむ

春がきたよ、夏がきたよ、秋になったよ、冬がきたよと、お料理で伝えて、家族みんなが楽しめるのはいいですね。

三月、走りものなら、分量はほんの少しでいいのです。土筆《つくし》三本、袴《はかま》をとって、きれいな小鉢に盛る。蕗《ふき》のとうの花びら、ちらりと椀《わん》に浮かべる。たらの芽一本、天ぷらにして塩を添える。出始めの小さな筍なら、薄く切ってお吸い物じゃなくても味噌汁に入れればいいんです。

出始めの「走りもの」は、心を喜ばせるためのもの。他の食材と混ぜないで、一種類だけ火を通して、きれいな器に盛ってください。走りものって、日常のおいしさとは違います。必ずおいしいとはかぎらないのです。苦かったり、水くさかったり、おいしくなくてもいいのです。それが季節のメッセージです。自然や、あなたの心が、家族に伝わります。

「さかりもの」は、たくさんあって、味がよくて、栄養価が高いもの。一年で一番おいしい季節がやってきたよ、ってどっさりつくって、お腹いっぱい食べたいですね。筍ご飯、自分で茹でた筍なら、マヨネーズで食べてもおいしいですよ。

四月、五月、露地ものが出回ってから、イチゴを食べる。

六月の中頃になってから、トマトも、ナスも食べる。スイカはもう少し暑くなって、梅雨が明ける頃まで我慢。

七月になる頃のナスはみずみずしくて、どぶ漬けか、田舎煮、油味噌にして食べたい。暑い外から家に帰ってきたとき、冷蔵庫に焼きナスや皮をむいたトマトが冷えていたら最高でしょう。あなたが愛している、愛されている証拠です。

九月、新栗が落ちたよって、ツヤツヤの栗を店先で見つけたら、少し買って、鬼皮《おにかわ》ごと茹でてあげてくださいな。茹で上がったものを、縦半割りにしてスプーンで食べるおやつです。また、今年も栗の季節がきたとわかるでしょう。素材そのものの魅力です。

毎年、毎年、必ずやってくるものの味はうれしいもの。冬は魚の鮮度が落ちにくくて、おいしく食べられる季節です。ブリの照り焼きなんかどうですか。夏場はぬか漬けですが、白菜漬けを漬けてみてください。自分で漬けた漬物は、格別おいしいですよ。ちゃんと発酵したお漬物って売っていないから、自分でつくるより仕方ないですね。もう冬のあいだ、白いご飯と味噌汁と白菜漬けだけでいいと思えるでしょう。

なんでもかんでも「うまっ」って

「おいしい」は、「大丈夫ですよ。ご心配なく。問題ないですよ」くらいの意味なので、心配するのも、信じるのも、間違いではないのです。他者を思う（気にする）私たちが、争わず、平和に暮らすために使っている言葉なんですね。でも、あいまいな言葉は、人を騙すし、ほとんどの人が、一瞬のうちに、都合のよい思惑に取り込まれ、利用……なにかを搾取……されてしまうのです。

口に入れた瞬間に「うまっ」と言う人がいるんです。もう口癖になっているようで、だれよりも早く言うんです。「ほんまかいな」って思うものにも、なんでもかんでも「あっ、うまっ」なんですね。これをテレビや雑誌の食べもの取材のときにやられると困るのですね。

「うまっ」がその場を支配するからです。それをやられると、もうだれもなにも言えなくなるのです。こんな癖はおやめください。

口に入れた途端に「セ・ボン」と言うフランス人なんて、怪しい奴だと思いませんか。とりあえず、おいしいと伝えることが、つくった人への礼儀だと思っているのでしょうか。声に出すと、人間の「ものを味わう」という観察の時間は終わるのです。

小林秀雄に「美を求める心」という随筆があります（『栗の樹』講談社文芸文庫所収）。美を解《わか》るためには、どういう勉強をすればいいかという問いに、そのためにはなによりも、たくさん見ることが大切だと言っています。頭で解ろうとすることが間違いだと言うのです。

見ることは喋ることではない。言葉は眼の邪魔になるものです。例えば、諸君が野原を歩いていて一輪の美しい花の咲いているのを見たとする。見ると、それは菫《すみれ》の花だとわかる。何だ、菫の花か、と思った瞬間に、諸君はもう花の形も色も見るのを止めるでしょう。

美には、人を沈黙させる力があるのです。これが美の持つ根本の力であり、根本の性質です。絵や音楽が本当に解るという事は、こういう沈黙の力に堪える経験をよく味う事に他なりません。ですから、絵や音楽について沢山の知識を持ち、様々な意見を吐ける人が、必ずしも絵や音楽が解った人とは限りません。

食事とは、自然と向き合う時間

「これおいしいね」って、言った途端に味の観察は終わります。感ずるためには、しばらくの時間が必要です。そして、それはとても個人的な感じですから、言葉にするにも慎重にします。前にも書きましたが、昔、食事は黙ってするものでした。余計なことをべちゃくちゃしゃべるものではなかったのです。

私たちにとって食事とは、自然と向き合う時間です。もうそんなことを言う人はだれもいませんね。でも、茶事で味わう懐石では、無駄なことは一切話さず、一生懸命いただきます。すると、驚くほどのおいしさに気づくことができるのです。

そうした経験は、豊かな自然を感じとる、美を感じとる力になります。だれでも美しいものを感じられるようになりたいと思うでしょう。黙ってシンプルに味わうことが、なによりの練習になると思います。

東京フィルハーモニー交響楽団のコンサートマスターでヴァイオリン弾きの近藤薫《かおる》さんが、新しい教育プログラム（東大先端研LEARN）で、子どもたちのために「四分三十三秒」というジョン・ケージの曲を演奏してくれました。

それは無音の音楽。私たちは、寝そべったり、座ったり、なにもせず音に集中します。鳥の声、床が軋《きし》む音、庭を風が吹き抜ける音、人の呼吸音、遠くで玄関を開ける物音、すべての音が一つの曲をつくるのです。今まで聴こえてこなかった、聴いていなかった音がこんなにある。「耳に入るすべての音は音楽だ」というのです。こうした経験は、よいトレーニングになって、私たちは依存せず、自ら聴くことができるようになります。

これまで、たくさんのおいしいカレーのレシピをつくってきました。でもこの頃はおいしさにこだわらず、昔のように、さほどおいしくないカレーを気楽につくりたくなりました。もみない（物足りない）カレーに、卵を割って、ウスターソースをかけて、福神漬けを混ぜて食べるのです。とても、おいしいと思います。カレーを食べる時間が、とても楽しくなって、とても幸せに思えます。

5

料理する動物

だし汁は一つの要素にすぎない

なぜ、食事や料理についての大切な話は伝わりにくいのか、なぜ、その先の深いところまで人間の思考は向かわないのか、と、考えていました。この頃、ようやくわかったのです。それは食べものがおいしいからですね。

人間は食事の話をすると……とくに食べるばかりの人は……頭の中をおいしいというイメージでいっぱいにするのです。食べものが話題になった途端、脳はおいしいに支配され、まるでワンちゃんが尻尾を振るように、うれしくなるのです。それくらい今の私たちの幸せ感は、いよいよおいしいに依存しているんだなあ。

食教育のシンポジウムで、私が、お味噌汁にだし汁はいらないと話したら、ある教育者が、実験で、熱湯に味噌だけを溶《と》いたもの、だし汁を使ったもの、水とだし汁を半々にしたもの、三種類の味噌汁を子どもたちに飲ませたら、やっぱりだし汁を使ったのがおいしいと多くの子どもが言ったと、言うのです。

それは単なるだし汁体験でしょ。お料理する習慣や食事の意味を取り戻すための場で、おいしさ云々《うんぬん》を言い出すのです。味噌汁のおいしさにだし汁は欠かせないとする主張は、すでに主題からずれているのですが、おいしいに支配された人は、私のほうがずれていると思うのかも。

味噌汁は具材と水と味噌でよいのです。それが基本で、だし汁は一つの要素にすぎません。

食はコンテンツではなく文化

私は料理するハードルを低くして、料理しようとする人の……だし汁を取らないといけないといった……障害をなくしたい。多くの人を悩ます家庭料理を、安らぎの時間に戻したいと思うからです。

ここで大事にするべきはお料理することです。具材を水煮して、味噌を溶けば味噌汁です。ほらね、味噌汁ならだれにでもつくれるでしょう。和食の知識を持たない外国の人でも、味噌汁ならつくれそうです。人間ならだれにでも料理はつくれます。人間は料理する動物です。

さて、油で人参《にんじん》や玉ねぎなどの野菜を炒め、ジャガイモの入った野菜スープでもいいのですが……せっかく日本に生まれたのですから……味噌は生きていくための強い味方になります。えっ、「だし汁は日本の食文化です」って……だから、今言ったでしょ……また話を振り出しに戻す。食べものの話になると、万事この調子なんですね。

公の食の議論は、おいしさという雑念を人間の幸福だと嘯《うそぶ》きますが、食はビジネスのコンテンツではなく文化です。

管理された場所で食中毒が起きれば、すべて料理した人の責任で、持ち帰れば、すべてが食べた人のせいだというように、近頃の食のリスクは自己責任です。双方どちらにも不注意はあるはずなんですが、責任は取りませんと宣言するのが、「自己責任」。

冷たくてギクシャクした社会になるのです。おいしい、おいしくない、なんでもかんでも人のせいにすることは、素敵の反対の「つまらない」です。

現代日本では食料の六割以上は輸入に依存しています。もし、輸入がストップすれば、日本人は飢え死にすると言うのです。しかし、今の日本の国内で生産されている食料の供給量を、国民一人一日当たりのカロリーに換算すれば、昭和二十年代後半の摂取カロリーは確保できるそうです。ですから米と大豆をつくれば、味噌がつくれて、ご飯が炊けるので、一汁一菜は堅持できます。

それなのに、米ばかりでは嫌だ、もっとおいしいものが食べたい、牛肉が食いたいって言い出すのです。ちっとも日本の食文化を大切に思っていないようです。いや知らないのでしょうね。

おいしいに支配される脳

「幸せならいいじゃないか」って、愛さえあれば幸せです。愛に理由などいりません。愛のために、プロセスを無視して、手順を踏まず……今どき、そんな人がいるかどうかは別にして……反対を押し切っても、手に入れようとするほど、愛は盲目です。

愛、いや、おいしいに支配された脳は、体に悪いと知りながら……お腹をすかしてデパ地下を歩くようなリスクを、あえて冒《おか》し……欲望を抑えられなくて、冷静であれば見向きもしない濃厚なおかずを買ってしまう。お腹を満たせば、さらりと冷めてしまう愛は、喉の渇きを癒やすだけの渇愛《かつあい》。それは本当の愛ではありません。冷静になって、どうしてこんなに買ったんだと、自分の愚《おろ》かさに気づくのです……。

肉体と精神には密接な関係があります。お腹がすけば理性を失い、イライラするのですから間違いないことです。腸内にいる五〇〇種一〇〇兆とも言われる細菌が、精神にまで影響を及ぼしていることは、ずいぶん話題になりましたからご存じでしょう。動物はお腹がいっぱいになれば、眠くなります。もうなにも考えたくありません。気が緩《ゆる》み、おいしかったから、それでいいじゃない、わかった、わかった、君の言いたいことはわかるよと、まどろみ、やがて眠ってしまうのです。

おいしいという快感や、空腹の満足は、私たちの理性を鈍らせます。おいしいは想像以上に強烈です。根源的な快楽である食欲は、おいしさを触媒にして、生命維持装置を堅固に働かせているのです。

人間が自我を最優先するのはなぜか？

経済と結託《けったく》する「おいしい」は、「正しさ」を謳《うた》い、美食の権利を振りかざし、人々に寄り添うようなフリをして、いかなるステータスにある人にも見合った快楽物質を一瞬だけ提供するのです。さも、おいしいだけが私たちを癒やすかのようです。

ストレスの多い競争社会を築いたところに、ストレス解消の特効薬もしっかり用意して、利益を得るのです。「みなさんはお金が欲しい、お金が一番大事と言ったじゃないですか」と、責任はすべて私たちにあると言うのです。

「おいしいだけなんだから、ほかになにもないんだから許してよ」「おいしいはなにも悪いことじゃない」と、安易な快楽に依存するのです。

おいしいものを食べるというたわいもない一人の罪なんて、ごくわずか、小さなことです。でも、それをみんながやれば、驚くほど大きな負の力として働き、地球の環境にまで、すでに、影響を及ぼしているようです。

人間が我を忘れて、自我を最優先するのはなぜでしょう。料理する人への思いやりを忘れ、文句を言うのはなぜですか。他者を思いやる気持ちがないのは、明らかに想像力（イマジネーション）の低下です。

「それはね、おいしいものの食べすぎなんですよ」と、私が言えば、また「それは言いすぎでしょ」「なにを根拠にしているのですか」って、みなさん、おっしゃることでしょう。

料理する、すでに愛している

肉体と精神は平衡《へいこう》する。おいしさという快楽に向かう脳は、脳内に湧き上がるはずの他者への思いやりを、抑え込んでしまうのです。お腹が満ちた満足が、他者を思いやる気持ちを鈍らせるのは事実です。

格差を生むシステムをなぜつくるのか。他者を思わない、弱者に思いやりのない冷酷な決定が横行するのは、なぜなのか。それが多くの庶民の疑問です。

本来、「料理して食べる」という関係性に意味が生まれる食事を、「食べる」だけに特化すると、おいしい食事の継続が、おのずから湧き上がる利他的精神を蝕《むしば》んで、やがて完全に喪失させていくのです。

それは資本主義の働きに浮かされてしまうからかもしれません。人間の甘え、欲望……さまざまな感情の表れの結果でしょう。「競争なんだから、仕方がない、自業自得でしょ」って？　それは、新自由主義に侵されすぎた考え方ではないですか。

他者を思いやる健全な脳を維持するためにあるのが料理だと思うのです。料理している人の脳は、デフォルトされて、モードが切り替わり、他者を思うように働き出すことは経験的にわかります。

そもそも、私たちは他者（家族）を思うから料理するのです。料理は愛情。料理する、すでに愛しているのです。料理する人は、思いやりを失うことはないので、思いやりが働かない脳のコンディションは、料理にはないのです。

生きる喜びの原点

思いやりが働かない脳のコンディションであることを、これまでは男だから……すでに男は料理しないものなんて時代は終わりましたが……男の性分だと思っていたのですが、そういうことでもないように思います。

外食では肉を好み、焼き肉にハンバーグという男性でも、自炊で味噌汁をつくると、肉ばかりの味噌汁をつくることはなく、野菜も入れてしまうのです。料理すると、おのずから自分を大切にするスイッチが入るのです。

一人で食べる味噌汁なら、体裁を気にせず、いっさい繕《つくろ》うこともしませんが、家族であっても他の人が食べるとなると、体裁を整えたくなるのです。

人が食べると思った途端に、味つけが気になるのも同じです。食べる人がいなくなったらモチベーションが下がった、食べる人がいるからがんばって料理できるという話はよく聞きます。

料理の盛りつけもそうですね。どうして、きれいに整えるのでしょうか。きれいに盛りつけたほうが、おいしく感じられることはたしかです。人間が気持ちいいのは、自然と一体感を覚えるときで、人間が自然をもてなし、その死に敬意を払い、器を選び、整えて盛るところに、美が生まれるのです。

自然に感謝して、季節の恵みを素材に、家族を思って料理する。これが生きる喜びの原点です。いやすべてと言ってもよいでしょう。地球と人間、人間と人間のあいだに料理があります。料理をして食べることで、人間は自他のバランスをとっているのです。

退職後、なにもすることがなくて寂しく思う。死ぬまで仕事をしたいのです。どうしてですか。自分で幸せになる方法を知らないからです。

でも、料理して食べる暮らしの喜びを知っている人は、それだけで十分、風が吹いても幸せになれるのです。一人でもきちんと生活する人は素敵だと思いませんか。それができないのは、外の仕事に夢中になって、他者への思いやりを失ったからかもしれません。

どうでしょう。今からでも間に合うかもしれません。どうぞお料理してください。

私は地球を食べて生きている

創造の始まりである料理は、想像の発露《はつろ》です。料理することが、思いやりの心を生み出しているのです。料理は地球を住処にする人間が生きていく手段です。料理は地球と人間をつなげているのです。料理の不思議は、料理をすれば地球を自分ごととして考えられることです。

私は地球を食べて生きています。自分は地球、地球は自分なのです。

たしかに、「おいしい」がなければ、食事に魅力がなくなり、生きるモチベーションが下がってしまうかもしれません。しかし、おいしいを求めるモチベーションは強《きょう》靭《じん》で、自滅に向かわせる負の力ともなるのです。

料理して食べることは、人間が協力し合って、助け合って生きていく原初の行為です。おいしさは、料理する人間へのご褒美、それくらいがちょうどよいのだと思います。おいしさは必要でないと言っているのではありません。素材を生かし、なにもしないことを最善とする和食の特性からして、おいしいは後回しにしてもいいのです。なにかをプラスして、個人的においしくすることはいくらでもできることですから。それは、みなさん一人ひとりにお任せできることです。そこが知りたい？　そうですか、でも、別の機会にいたしましょう。それは健全な日々の暮らしを豊かにする楽しみですね。とても楽しいことなんです……おっといけません、また、大切なことを忘れそうになりました。まず先に片付けなければいけないことが山積みです。

「料理すると食べる」はセット

しばらくは、おいしいを忘れて話したいと思います。もうこれ以上は邪魔になることですから、おいしいを忘れていただきたいのです。おいしさについては前章でも考察しましたし、今日はもう、「おいしい」という言葉を使わないでおこうと思います。

おいしいに邪魔されずに、人間の食べるという行為を深化し、純化したいと思います。これまでも、おいしさを目的に料理してはいけません、家庭料理はおいしくなくてもいいと、言ってきました。ここで誤解なきように、二、三、付け加えておきます。もうすでに何度も話してきたことです。

料理とは、サ変名詞です。「する」をつけて動詞になります。ですから、料理とは、料理すること。または、料理されたものです。つまり、料理は料理することで生まれるものです。ゆえに「料理する（ひと）と食べる（ひと）」はセットです。

食事も同様です。日本大百科全書によれば、「人間が習慣的に一日のほぼ決まった時刻に、生存のために主たる食物をとること」とありますが、そこには、「料理する」が欠落しています。

「料理する」を無視するのは、なぜでしょう。たしかに、お金に恵まれた人たちの中には、女性であっても、料理を蔑《さげす》む人がいるのを知っています。料理をしない立場を誇りにしているようです。私には理解できませんが、偉い人は料理をしてはいけないと考えているようです。

料理しない人は思いやりがない、いや、思いやりを失う傾向があるように思います。料理する人、食べる人、二つの立場を、対等にしたくない人もいるのです。ちょっと気をつけて周りを見てください。絶対に調理場には降りない経営者は身近にいると思います。それは、調理場は降りるところだからです。

人間形成には食べるだけでは足りないのですが、料理という労働を、すでにローマ時代、召使いや奴隷がやることだと蔑んだときから、この問題は始まっているのです。

食べることは、利己的な行為

料理や食事の目的は「食べること」です。現代の食べる目的（意味）は三つとされています。（1）栄養摂取、（2）欲望と空腹を満たす喜び、（3）（2）に伴う人間間のコミュニケーション。それがすべてのように考えられてきたのです。

すでに、おわかりいただいていると思いますが、それでは食事（料理して食べる）の意味の半分にも至りません。

料理を構造的にみると、「料理する（ひと）」「食べる（ひと）」に分けられます。食事になると、「料理する」「食べる」に加えて、「材料を集める（収穫する）」「片付ける（洗い物）」「掃除する（始末をつける）」という行為にまで広がります。これらの言葉はすべてが動詞ですから、人間は生きていくためには、行動しなければならないことがわかります。「食べる」も動詞ですが、その言葉の裏には別の意味があります。「食べる」が特別なのは、その裏側に「食べられる」「食われる」という他者の死が潜《ひそ》んでいることです。いくらたくさん食べても、他者のためにはならず、自分の身になるばかり。「食べる」は自分に向けられた行為です。だから、食べることは、利己的な行為です。

先にあげた食事にかかわる「食べる」以外の動詞……料理する・材料を集める・片付ける・掃除する……は、すべて他者のためにあります。「食べる」の裏側に「殺す」があるゆえに、食べものを与える行為、料理することが……中島岳志先生が深く考察された……「利他」そのものになるのです。

私たち多細胞生物の起源となる真核細胞。十九億年前（諸説あり）、原核細胞と原核細胞が融合して真核細胞ができたと言われます。真核細胞とは、原核細胞が他の原核細胞を食い、体内に飲み込んだことによって、生まれたものかもしれません。

キリスト教における原罪は、アダムとイブが「果実を食べた」ことから始まります。「果実を食べてはいけない」という神からの言いつけを守らなかったこと以前に、「食べた」という行為そのものが、すでに罪なのです。私たちは生きていくためには、罪を犯さずにはいられないのです。

料理をしない「食う」はバイオレンス

食べられるものを得るには、人間は料理しないといけません。しかし、料理する環境のない状況で、極限まで腹をすかした人間は、他の命を屠《ほふ》り、料理もしないで肉を貪《むさぼ》り、噛みちぎり、手や口を血に染めて食らい、生きていこうとするのかもしれません。

同じ「食う」でも、料理すると料理しないでは、ずいぶん違います。料理しないのはバイオレンス。だから腹ペコで街を歩くと、正常であれば選ぶことはない、脂っこいスパイスまみれの食べものが、私を誘惑しだすのです。

そうした心の傾きを調整し、防御するのは、料理するという行為です。それは前に書いたとおり、料理することが、前頭葉を発達させることになっているからだと思います。道徳的価値を判断するのが前頭葉です。料理の持つよき働きとして、無意識の善意が働くのです。

それにしても「殺す」というエネルギーは、生きていくことと同じく、恐ろしく強い。殺すは、生きていくことと相対的にあるものです。すべての動物の命は、他者を殺し食うことで維持されるのです。私たちは命のやりとりに勝って、今、ここにいるのです。

でも、人間が生身の身体で戦って殺せるのは、植物、虫やエビカニ、小魚、小動物くらいでしょう。熟したバナナや柿の実をもいで食べるにも、猿や鳥たちとの奪い合いに勝たなければならなかったのです。そう思うと、食べることって、むちゃくちゃ大変なことなんですね。

ところで、二〇二〇年には、人間の細胞を培養し、食べられる肉をつくり出すコンセプトアートが発表されたそうです。それが現実の必要になって現実の食事になれば、人間はなにも殺さずに生きていけることになるのです。それはいったいどういうことでしょう。人間の植物化(?)。他者との関係を断ち切ることなのでしょうか。根源的な「動く」意味を失うということでしょうか。

原人は動物総合格闘ランキングのほぼ最下位

そもそも私たちの祖先となる原人は、動物の中ではかなり弱くて、動物総合格闘ランキングのほぼ最下位でしょう。空を飛べないし、腕力やすばしっこさも、攻撃性もなく、やたらと恐怖心が強い。これでは戦えません。

どちらかと言えば、人間の祖先は動物たちの餌《えさ》になるより仕方がなかったのでしょう。いつもビクビクして、身を隠し、逃げまくっていたのです。いつも怯《おび》え、怖い鬼が来ないか、爪先立ちになって精一杯背伸びして、岩陰から覗《のぞ》いたのでしょう。仲間が襲われる、仲間が食われるのを目の当たりにして、もう怖くて怖くて、どうしようもなかったのです。

ライオンのように強い牙《きば》を持つ動物は殺した獲物を食う。そしてライオンが去ったあと、その食べ残しをハゲタカや、ハイエナのように小回りが利く動物が食うのです。人間の祖先は、ハイエナが去るのをじっとお腹をすかして待ったのです。

待つあいだも、他の動物に見つからないように、かなり上手に隠れたと思います。葉っぱや木の枝を集めて、体に巻き付けて身を隠してじっと待つ。なにかを身にまとうことで、寒さをしのげることを知ったのでしょう。

お腹をすかして、じっと待つ。そこには、歴史以前の言葉のない「沈黙の世界」(『沈黙の世界』マックス・ピカート、みすず書房)があったのです。真の人間の精神は沈黙を資源にして、なにもないところから生まれたのです。

沈黙は人間の根本構造をなすものの一つなのだ。
言葉と沈黙とは密接不離の一体をなすものなのだ。
もしも言葉に沈黙の背景がなければ、言葉は深さを失ってしまうであろう。

(『沈黙の世界』)

腹ペコという逆境に表れるチャンス

私は昨日のお昼に神田の「まつや」で、辛味大根のおろしが載った冷たいお蕎麦《そば》を食べてから……今すでにお昼の時分どきになりましたが……なにも食べていないのです。おかげで、昨夜は消化活動に煩《わずら》わされずよく眠れました。すでに二十時間以上食事をとっていません。お腹がすいているはずですが、それほど空腹感はありません。というよりも頭が冴《さ》えて、……希望を感じているかは明らかではないにしても……これを書いているのです。

これって、ハイエナが去るのを、お腹をすかしてただじっと待っていたときと同じ状況なのでしょうか。そんなはずはありませんが、釣りをするように、蝶々捕りをするように、なにかしらの目的があって、じっとワクワクしながら待つ。これって大昔の人間と同じじゃないでしょうか。

彼らは間違いなく生き延びたから、今私はここにいるのです。そう考えながら、今の状態を持続して、腹ペコという逆境に表れるチャンスを生かそうとしています。

ちなみに、今音楽を聴いています。アリアナ・グランデ、セレーナ・ゴメス、ジャスティン・ビーバー……、輝ける若者の歌声は強く勢いがあって、胸の奥まで心地よく響いてきます。感受性がむくむくしていることがわかります。

ああ、今、なにかを食べてお腹をいっぱいにしてはもったいない。今なにかを食べれば、感じることをやめてしまうことを知っているからです。お腹がすいたというピンチに、感性と情緒が働くのです。その一方で、次の食事をとても楽しみにしている自分もいるのです。いつなにを食べようか、たしかに誘惑を感じます。

こうしていると、一日三食、時間を決めてきちんと食べましょうという食事の形は、本当じゃないように思います。人間が集団になったとき、協力し合って活動する条件として、時計の時間を共有したのです。

本来の動物はお腹をすかせて、頭の回転をフルにして行動したのではないでしょうか。「働かざるもの食うべからず」と言われたように、お腹をすかして仕事をしたのです。動物は、お腹がすかないと本気を出さないんじゃないのかなあ。よく働いたご褒美として食事はあったと思います。

命をつなぐための沈黙

はらわたも血肉も食われてしまった動物の骨の周りに、だれもいなくなったあと、人間の祖先は用心深く集まって、石の礫《つぶて》で骨を割り、年寄りや子どもに優先的に分け与えて、骨の髄《ずい》をすすったのです。髄をすすったあとの硬い骨をじっと握ったまま、もといた森の中に戻り、身を隠したのです。

翌日その骨で土を掘り、朽ちた倒木を見つけて、節穴に棲む芋虫をほじくり出すのです。弱い人間の祖先にとって、強い動物の牙や爪がどれほどカッコよく見えたことでしょう。欲しかったと思います。強い熊虎は憧れの王でしょうか。だからお守りにしたのです。石礫が割れたとき、キラキラ光る鋭く尖《とが》ったものを見つけ、石を割って牙のような鏃《やじり》をこしらえたのです。熊虎に追われ逃げまどうとき、跳ね返ってきた竹のしなりを真似て、弓をつくり、力強く、矢を放ったのです。

山が噴火して森を焼いたとき、火を恐れて逃げだす動物を見ていたのです。火を利用すれば家族を守れるし、冷えた体を温められます。真っ暗だった闇夜も火があれば明るくなって、ゆらゆらと燃える炎を見ていれば安心で、心静かになったとき、家族を思いやる愛情が、大いなる沈黙から滲《にじ》み出るように、ごく短い言葉を発したのです。ジリジリと火に炙《あぶ》られる肉の塊、焼き色がついた表面に滲んでくる脂、周囲にいる家族（仲間）の幸福そうな顔を、ただ光炎《こうえん》が照らします。

薪《まき》がパチパチと音を立て、肉の焼けるにおいに我慢できなくなる頃、石ナイフを使って表面の焼けたところから……トルコのケバブのように……肉片を削り取り、大きな葉っぱや木端《こっぱ》に載せて、家族に手渡し、小さい子らも肉を口にしたのです。山鹿が岩塩を舐《な》めるのを知っていたし、塊の塩が用意されていたでしょうか。なにものにも代えられない至福のときを過ごしたのです。

お腹を膨らませた家族はゆっくり眠りについたのです。いや、火を消さないように、絶えず火種をくべる人がいたことでしょう。火をじっと見つめたままどれほどの時間を過ごしたことでしょう。ヨガをする修行者や座禅を組む僧侶のように、ぼんやり頭を使うより仕方がなかったのです。命をつなぐための沈黙。歴史以前の人間は、生き延びるために、じっとじっと深く深く、ただ沈黙の中にあったのです。

言葉と一緒に料理が生まれた

マックス・ピカートの『沈黙の世界』にある、人間の精神の源としての沈黙から、人間の純粋なる行為とともに言葉は生まれたのです。そして言葉と一緒に料理が生まれたのではないかと思うのです。

沈黙という自然の世界よりも大いなる自然世界はない。

沈黙をとおして言葉を聞くことが出来る。正しい言葉とは、沈黙の反響に他ならないのである。

沈黙は創造以前から創造へと、無歴史性から人間の歴史へと——つまり人間の身近へと——歩みよるのである。かくして沈黙は人間の一部、そして言葉の正当な一部となるのだ。しかし、何よりも先ず第一に、ただ言葉のなかでのみ真理は明確な形をとるからこそ、だからこそ言葉は沈黙以上のものなのである。

だから人間は、言葉によって初めて人間となったのである。

沈黙は精神のための自然な土台である。

(『沈黙の世界』)

沈黙を資源とするものには、言葉だけでなく、行為としての料理があったのです。料理もまた沈黙の反響にほかならないのです。ピカートの沈黙は「地球」と置き換えられるのかもしれません。するとピカートの「言葉」はそのまま「料理」に置き換わってしまうのです。

料理したことで私たちは人間になった

そもそも私たちは、生き延びるために料理したのです。つまり、弱く悲しい私たちの祖先が、自然の中で生きていくための戦略、料理という武器を持ったのです。私たちは「料理する動物」になったのです。

料理をすることで、動物が本来、身体の中で行っている消化を、体外で行うようになりました。料理することで、硬い肉を噛みちぎることができたのです。効率よく栄養を吸収することができたのです。消化に要する時間もぐっと短くなったのです。

ＮＨＫに「ヒューマニエンス 40億年のたくらみ」という番組があります。「舌」がテーマになったときに出演させていただいたのですが、興味を引いたのは、人間の舌は、他の動物と違って丸いことです。それによって発声しやすくなったそうです。料理することで、大きな塊を口に入れる必要がなくなって、舌も収まるように丸くなったのではないかと思うのです。

料理して、食べるものが一気に変わったことで、大きな顎《あご》も、口腔も、消化器もいらなくなり、現代人と変わらない姿でまっすぐ立てるようになるのです。

料理したことで私たちは人間になりました。それまで多くのエネルギーと時間を、消化吸収のために使ってきましたが、料理することで生まれた余剰エネルギーで脳を大きくして、自由な時間である余暇を持つことができました。余裕を持って、時間の余白を埋めていくことができたのです。

料理は愛情から生まれた

自由な時間を得たそのとき、私たちはなにをしたのかと想像してみてください。なにかをするのは、必ず目的があるのです。「所作や動作で、感情を表現出来ない思想なんか一つも無いのです」（『眼の哲学』青山二郎）。他者を喜ばせたい、喜ぶ家族の顔が見たい。より大きなモチベーションは、他者との関係のあいだにあります。

利己的な自我を抑え、他者をたくさん喜ばせるものが首長になるのです。食べものを多く与える人が、首長になったのです。首長の元に多くの人が集まりムラができたのです。

愛情を実現できないときの悔しさ（嫉妬）も経験したでしょう。愛情を実現するために道具をつくり、作業の効率をよくし、相手を思って美しい衣服も縫《ぬ》ったのです。威厳を示す立派な家に、安定と安心を求める人々が集まって暮らしたのです。

料理は技術から生まれたのではないのです。料理は愛情から生まれたのです。

愛のなかには言葉よりも多くの沈黙がある。
「黙って！　あなたの言葉が聞えるように。」

（『沈黙の世界』）

「沈黙から生まれた言葉」の清らかさと、「料理して食べる」行為の純粋は、同じことのように思えてくるのです。

言葉のなかには、人間が自分自身のためにそこから取り出してくることが出来るよりも、より多くの悲しみと、喜びと、嘆きとがある。あたかも、言葉は人間に依存することなく、それ自身のために、悲しみや、嘆きや、喜びや歓呼を所有しているようなのだ。

純潔と、素朴さと、根源性とを、言葉は、言葉がそこから生じ来たったところの沈黙から受けとる。

（『沈黙の世界』）

歴史以前の精神につながる日本の料理

ある時代までの人間は、自然という気候風土に対応しながら生きてきました。土地の自然に生かされ、自然に従って恵みを得て、それぞれに違った文化が生まれたのです。

東アジアの孤島（現日本）は豊かな自然の恵みを頼りに、自然を中心にした文化を発展させました。ヨーロッパの国々は、日本と比べても植物の固有種の数が一桁違うほどに少ないとも言われます。だから自然と暮らしが整理され、絵に描いたような風景を見ることができます。そんな御《ぎょ》しやすい自然を土台にして、宗教、物理学、哲学、科学文明などの人間中心の文明が生まれます。

ここでお話ししておきたいことは、日本に独自の進化はなかったということです。ただ長く自然に従って生きたのです。その性質は、近代においても、西洋の先進国についていく態度に表れ、そのおかげで日本は文明国で生まれた技術を「深化」させ、他の国では至らぬものがつくれたのです。縄文の人々は豊かな自然と共存共鳴したと小林達雄（考古学者）が示すように、環境と折り合いをつけるという稀有な才を見せるのです。

日本の料理は、なにもしないことを最善とします。姿、色もそのままに、できれば味もつけたくない。それは歴史以前の沈黙という精神の始まりに出でたる、いまだに変わらぬものなのです。

ピカートの『沈黙の世界』の翻訳に際し、「これこそ日本人たちのための本だ」と、ピカート博士の親友アイテル先生は、翻訳者となる佐野利勝氏に託されたと、巻末にありました。

6

パンドラの箱を開けるな！

料理は「構想」と「実行」が分離しない

二〇二二年十二月二日夜七時。共著『ええかげん論』（ミシマ社）出版を記念して、土井善晴と中島岳志の「ええかげんクッキングー」というオンラインイベント（一時間プラス対話三十分）を配信しました。「ええかげん」にはただの「ええ加減」ではない、身体的で深い意味があるのだということを、『ええかげん論』に書きましたから、興味のある方はそちらをお読みください。

政治学者・中島岳志と料理研究家・土井善晴二人の料理教室は、中島先生の希望でもありましたが、当然、私がリードして、イベントとして成立する内容を構想しなければなりません。

他の仕事と違って、料理は構想と実行が分離しませんから、料理する人自身が常に構想しています（レストランなどの大量調理を除いて）。構想とは、事前になにをつくるかを想定し、段取りを考えておくことです。実行の段階では考えることなく集中します。日常の慣れた台所でいつもの料理をするときは、自然体と言いますか、構想は無意識のうちに行われ、料理を実行することができているわけです。料理に慣れれば構想は無意識に行われるのであって、なにも問題はないのです。ちなみにレシピを参考に料理する場合は、完全な構想と実行の実現ではなくなります。

構想が終われば、料理の実行は、スポーツをするようなものなのです。なにも考えなくてよく、ストレスなく進められるので気持ちがいいものです。仕事に熟練し、どんなオーダーでもこなせる（自信のある）気分です。

日常に居座る食の概念は手強い

ただ読者のみなさんは、もうそんな普段考えることもない料理の前提にある道理（理屈）を、忘れているかなと思って、今ここに書いているわけです。私が話す料理の道理は難しくありません。

たとえば、「肉を触ったあとに手を洗いましょう」と言うとき、どの程度洗うかが問題だから、「『よく』洗いましょう」と言っているのですが、その意味に気づかなければ、簡単に済ませてしまうことになるのです。そうなりがちなのは、手を洗うことはあたりまえで、知っていることだからです。

知っていることは、重要でないこと、無関心なことになるのです。知っていると安心ですから、私たちは「知っているつもり」になりたいのですね。だからわかった気になって、すぐ忘れてしまいます。聞いたときはなるほどと納得しても、しばらくするとまた元に戻ってしまう。

大学の食事学の授業でも、和洋、新旧、便利不便、あらゆるものがある中で、なにが料理の本質かを学んで、そのときは理解できても、時間をおいて試験すると、学ぶ前の経験や知識しか出てこない。

生まれてから今まで続けてきた本能と結ぶ習慣は、容易《たやす》く変わらない。日常に居座る食の概念はかなり手強いのです。

これが養老孟司先生の言う「バカの壁」という思い込みです。その手強さが、料理の強さ、武器でもあるわけですから、まあ仕方がない。だから学生にも何遍も繰り返し話します。とても大事なことだからです。いつかあなたの身体に私の論が入って血となり肉となったとき、それはあなたの人生に大きな変化をもたらします。

少なくとも考え方という武器をいくつか持つことができると思います。考え方とは思想ですから、考え方を知れば思想家です。

ええかげんに料理を始めても自由になれる

土井善晴と中島岳志の「ええかげんクッキングー」は発刊記念で開催するイベントですから、『ええかげん論』に倣《なら》って、なにも考えてはいけないという私がつくった制約があります。

あらかじめなにも決めない、考えない。決まっていれば予定調和になっておもしろくない。その場で、瞬間的に見た食材（対象）に身体的に反応しながら、料理をし始めなければならないのです。それが今回のイベントの意図するところです。

一汁一菜は散々やってきたのです。その次のマスタークラス的な意味があって、そこには自由と楽しみという本来の料理の姿があって、それを伝えようとしているのです。

いや、（視聴者のいる番組なんだからうまくいくように）あらかじめ考えてもいいじゃない、考えておいたほうがいいんじゃないと思うでしょ。私もそう思ったのですが、だからですね。みなさん、多くの人が、あらかじめ考えることが苦痛やわ、苦しいわ、言うてはるでしょ。だから……私も今くどいなあと思いながら、話しているんですよ。わかってもらえますか……なにも考えないで、ええかげんに料理を始めても自由になれるということを、見せようとしているのです。

大丈夫ですか？　だから、なにも考えないで始めても、レシピを見なくても、なにつくろうかと思わなくても、料理始めたらええ言うてますねん。すいません……つい興奮してしまいました。

料理を理解してもらえるように説明するのは、ほんまなかなか難しい。

普段（読者の）みなさんがお料理されるとき、特別なことがなければ、あらかじめ考える必要はないわけで、一汁一菜の手法に基づいて、手に任せたらなにも考えることはいりません。それが一汁一菜です。だから一汁一菜以外はつくらないということをすれば、なにも考えなくてよく、即座にストレスフリーになれるのです。不満を解消することが、一汁一菜を提案した理由の一つです。苦しまないのが基本。できないことをやらされていると思うだけで精神は疲労する。

一汁一菜とは、自然物がつくり出したものですから、だれがつくってもまずくなりようがないもので、富士山を見るように、一輪の花を見るように、自然物を愛《め》でるのと同じで、飽きることはありません。すごいのです。味噌汁は濃くても薄くても、熱くても冷たくてもおいしくいただけるわけです。つまり味つけではありません。味つけというのは料理の装飾、自然と人間が純粋に交わる料理においては、不要なのです。

味つけは装飾ですから、人間の楽しみになるのです。だから、「毎日の料理」と「楽しみの料理」は区別しなければいけません。余裕のあるときに、楽しみを実行すればいいのです。生活のけじめ、リズムが生まれます。楽しみは楽しい気分のときにやるべきで、不機嫌なときに無理してやると楽しみが汚れて、楽しみじゃなくなる。もったいないですね。

楽しみも苦しみも一生の問題になります。その差は天国と地獄ほどもあるのです。

料理の楽しみの世界へ

この「ええかげんクッキングー」イベントは、「みなさん、またここで一汁一菜を私がつくっても仕方がないでしょう。……それはすでにみなさんもわかっているわけですから、その次に進めたい。つまり、みなさんを料理の楽しみの世界に誘《いざな》いたいと思っているのです」と言ったつもりで、始めたのです。

いや、私はいつもレシピを否定するわけではありませんが、日常の料理の多くにはレシピは必要ではないと言っているのです。大量調理や科学的(前提条件を設定しやすい)なパンやケーキなどにおいて有効ですが、人間の感覚に依存して(前提条件をつくれない)自然物の食材を調理するのに関しては……和食だけでなく、条件が統一できない西洋のステーキも同じですが……計量は不要です。

計量(作業)は料理ではありません。万能のセンサーである五感を使わずレシピに依存して、計量に手間と時間がかかる、だから料理がめんどうくさいとなるのです。自分の感覚を使うことは人間の造形本能と結んで楽しいものです。

人間の感覚所与を使って判断するところに料理の意味はあります。一汁一菜の狙《ねら》いはそこにあるのです。つまり、人間の感性を取り戻そうとしています。

瞬時に構想した料理を実行することで、私たちは無限に感性を磨き強靭にすることができるのです。感性がすべてのクリエイションの種をうみ、源になり、イマジネーションの発露になるからです。

感性とは違いに気づくという人間の身体能力です。身体能力は磨けば高く、強靭になるものです。だから、身体能力の高い昔の人は、現代人につくれなくなった超美しいものがつくれたのです。料理は感性という身体能力を磨く場や機会になります。最初は難しくても、私たちは自由になれるのです。自分で発想できるのです。うまくいけば本当にうれしくなります。料理を苦しみ、つらいことに留めておくのは、あまりにもったいないと思いませんか。

料理すれば、自足できて、健康な料理が食べられて、感覚所与のエクササイズになるのです。経験すればするほどですから、年がいってもその感覚は発達し続けると思います。私もまだ進化していると実感するから言うのです。幼い頃から料理して食べるという食事の場で、感性は無意識のうちに育まれていくのです。

味噌汁は、ひと椀の有限の世界において自由

料理の自由についても、今一度確認しておきます。「料理はなんでもありや」なんて言う人がありますが、それは間違いです。やたらなんでもかんでも無茶苦茶してもいいのではありません。

味噌汁は、ひと椀の有限の世界において自由なのです。つまり有限の無限だということですが、有限であるから私たちに自由があるのです。孫悟空《そんごくう》も仏さんの手のひらの上で暴れているのです。

無限の世界に自由などありません。無限の世界にあるのは無明《むみょう》。有限に秩序が生まれ、思想が生まれます。ですから、有限の世界を維持持続するためにケハレ（日常と非日常）があり、貧と贅《ぜい》のバランスをとっているのです。無限の成長は自滅です。

人間に無限の進化などありません。地球という有限の世界で、無限に進化しようとする人間社会（資本主義）など無理だとわかっているのです。だから宇宙に行くのですか、でも宇宙は人間の住処ではありません。

ひと椀に守られた自由お味噌汁
有限の無限を幸いと知る

一汁一菜を土台にプラスする、自分が食べたい、家族に食べさせたいと思ってつくる料理は、すべて楽しみです。料理はクリエイションの始まりで、自由に工夫することが楽しいのです。そうでなければいけないし、やっていられません。時間がないなら、疲れているのなら、気分が乗らないなら、なにもしなくてよいのです。

元気な人は、疲れた家族に頼らなくても、自分で一汁一菜をつくれるでしょう。一人暮らしでも、あるもので適当にお味噌汁をつくって、冷やご飯に梅干か味噌を添えて食べる。それでよいのです。疎《おろそ》かにしていたご飯の尊さに出会えます。

自由自在の料理教室という企て

話を戻します……。

さて今夜は、中島先生とクッキング。だれかと一緒になると人間って、少しお相手にサービスしたくなるのは、料理の持つ利他性です。その人のために、なにか別のものをつくらないといけないと思うのです。料理の不思議、だから料理は愛情です。いいかっこしたいわけじゃなくても、せっかくだから……と思うのです。

せっかくってなんですか？　辞書にいろいろ書いていますが、このあたりの意味だと思うのは、「その動作の結果生じた状態をのがすのは惜しいという話者の気持を表わす語」（日本国語大辞典）。たしかに、せっかく、中島先生がいらっしゃるのだから、大勢が見てくれているのだから、なにか新しいことをしなければいけないと思うのです。

一汁一菜の味噌汁づくりは、何度もやったし、中島先生もご覧になっているだろう。だからなにか、そこから前進したところを、つまり一汁一菜の楽しみがオートマチックに生まれる瞬間を、料理研究家として見てもらおうと思ったのです。

なにかと制約のあるオンラインクッキング、買い物から始めるわけにはいきませんから、あらかじめ材料を用意しておかなければいけません。私が材料を用意していたのでは、今あるものでつくるという条件はつくれませんから、うちの助手の平澤君にお願いして、適当に材料を用意してもらいました。

それを肉類、魚介、野菜（葉物・根菜）それぞれに分けてカゴや皿に並べておいてもらったのです。熱源はオンラインの画面に映るカセットコンロを用意して、調味料、調理道具も身近なものを用意してくれました。

私自身が準備したり、指示してはだめというのは、それをすることで自動的に、無意識であっても意図してしまうからです。都合よく選ぶこともできるし、ことを運びやすくしてしまう。心理学的に証明されている「予測の自己実現」が機能します。「物買って来る自分買って来る」と言ったのは民藝の先覚者、河井寛次郎ですが、自分の思想が選んだものに表れるというのもそのためです。

人間は環境に導かれ選択するというのが、『ええかげん論』の本質です。それは頭で考えるよりも正しい判断、直覚です。人間を含めすべての生命は環境に導かれているらしいのですが、心理学者ジェームズ・ギブソンのアフォーダンスの理論によると「環境はそれだけで存在する刺激ではなく、それを利用する生物との関係によって特徴が決まる」そうです。

みなさんはそんなことはないと思いますが、私の頭はロクなことを考えない……身体の邪魔をする……ことを、私は知っているのです。とにかくなにも決めないで、『えかげん論』という経験に身を任せるように料理教室をやろうと思ったのです。自由自在に料理して見せようという企《くわだ》てだったのです。

いざ料理教室スタート（妄想編）

さて、なにをつくるかわからない料理教室です。しかも私一人ならともかく、中島岳志先生と一緒にやるのです。それもオンラインで視聴者に伝えなければならないことがあるのです。言葉にすれば「料理は自由で楽しいものだ」と伝えたいのです。それは一汁一菜の次にあるものです。

なにをつくるかだれも知らない料理教室なんて前代未聞、そんなん初めてだし、予想がつきません。しかも、料理に使える時間が四十～五十分のオンライン講座で、完結してメッセージを伝えたい。

ややこしそうに書いていますが、普段どおり手なりで料理するところを見せたかったのです。レシピ不要、料理の原点を知ればあとは大丈夫。スリルがあって楽しくて、料理はクリエイションだと認識できて、おまけに健康になって、感性が磨けるのですから言うことなしでしょ。今、振り返ると、そこにちょっとだけええ格好したいと思う気持ちが入っていたかもしれません。

ミシマ社・三島邦弘さんの挨拶で、いよいよ料理教室の始まりです。じつは、そのときのビデオを私は見ていません。今から話すことは、私の記憶です。記憶は私の思い込みが入っていますから、現実とずれるかもしれませんがその点ご容赦《ようしゃ》ください。

「中島岳志と土井善晴のおもしろクッキングが始まりますよー」と勢いよく言ってみ

たのですが……ふつうなら……「さてこの頃、えらい寒いですから、お鍋にしましょか」的に……最初なにをつくるかという前提を明らかにすれば……みんなも寒い、私も寒いと寒さを共有すればわかりやすいですね。

寒い季節の旬のもの……白菜、大根、人参、春菊、葱《ねぎ》、ほうれん草……どうも土の中にいて寒さに負けない野菜は多い……「ねぇー先生、冬の野菜いうのは、鍋になるために生まれてきたんとちゃうかと思いますねん、自然にあるものと人間の暮らしが欲するものがぴたりとおうてるんです、これって不思議やなあと思うんです」……とわかりやすく展開できるでしょ。

土井「中島先生は鍋といえば、鶏ですか？　豚肉ですか？　魚ですか？」

中島「はい、うちは親父が、かしわが好きで、骨付きの捌きたてのかしわを買《こ》うてきて、子どもの頃からよう鍋にしてました」

土井「オーカシワですか、さすがですね。みなさんカシワって知ってはりますか、カシュワァ〜、フランス語ちゃいますよ。かしわ言うのは関西で鶏肉のことです。

それにしてもおいしい鶏少なくなりましたなー、鶏にもええもん食べさしてやってほしいですねぇ。ほな鶏にしましょ、と言いたいけど、今日用意してたのは豚ですねん」

中島「はい、豚も大好きです」

土井「そう思いましたわ、まっ、そない言わなしゃーないとこですけど。いやそこで、先生、ヒンズーやから豚は食べられへん言うてくれはったら、おもしろかったのに、やっぱり先生はええ人ですね。ところで狂言では、最初演者が出てきはったとき、『ここらあたりのものでござる〜』って言いはるでしょ」

中島「はい」

土井「あれ聞いてすごいなと思ったんです。ここらあたりのもんでござるというのは、土産土法《どさんどほう》、地産地消いうことです、もうびっくりですわ。ここらあたりということで、みなさんがどこにいてるか、同じ仲間や、安心してくださいと言わんでも、ひと言で、一つの世界（共同体）をつくってしまうんですね。日本の伝統（芸能）いうのはそもそも持続可能で多様性を楽しむSDGｓそのもの、すごいもんです」……ここで政治と宗教（学）の話を鍋にのせて。

中島「はい、政治学的に言いますと鍋奉行というのはコミュニティーのリーダーでして、リーダーは季節の花鳥風月と死者の声を聞く人なんです。ガンジーは鍋奉行でした」……と、たぶん語り始めるのです。

土井「(狂言口調で）いやぁ♪ なかなか、なかなか～♪ 二人の料理は始まりませんねー」……と、調子よく、なんぼでもできるわけです。

いざ料理教室スタート（実際編）

「中島岳志と土井善晴のおもしろクッキングが始まりますよー」と勢いよく言ってみたのですが……どうするか、お約束どおり、中島先生ともまったく打ち合わせしていませんから、始まったものの内心、いきなりどうしようかと考えているわけです。恥ずかしながら、中島先生と視聴者に向けて、言い訳のような趣旨の説明から入るより仕方なかったのです。

ここから実際にやったことの再現をしますね。

土井「今日はなにも決めていませんよー、まったくノー打ち合わせなんですね。『ええかげん論』ですから、なにも考えなくても料理できるということを見てもらおうと思っています。ねっ、センセイ」

中島「はい、まったく打ち合わせなしです。どうしたらいいですか」

土井「どうしたらいいですかと言われても困るんですが、そうですね、まず、食材を選んでくだサイ（ちなみに語尾のカタカナは、私の不安を表していマス）」

中島「はい、いやーいろいろありますね、なにを選んでもいいんですか」

土井「もちろんです、野菜は季節にあるもんで、ここにある皮付きの豚三枚肉は、先日沖縄に行ってたもんですから、お土産に買ってきた残りデス（いろいろありすぎて豪華に見える〈汗〉）」

……中島先生、しばらく考えて選び始めたんですけど、私が皮付きの豚肉を取り上げて説明したもんですから、それは、私の振りだと思われたようで、沖縄の豚肉と複数（六種類くらいあったかなあ）の野菜を選んでくれマシタ……。

ここで調理を始める前に、視聴者と中島先生に向けて、一汁一菜の先にある料理についての解説……あらかじめ紙に書いてあった「和食の調理法」について説明しました。和食の調理法は、炙《あぶ》る（焼く）・湯がく（炊く／煮る）・煎《い》る（揚げる）・蒸す・なます（刺身・漬物）の五つに分けられます。この調理法を基本にして、それぞれの材料を組み合わせればよいのです。ジャガイモなら、炒めるか、茹でるか、揚げるか、また芋の切り方によってはさまざまに調理も変化できます……などと話しながら、すでに私の頭の中には、一つの一汁一菜を元にした献立と調理法が構想できたのです。

ちなみにご飯は別に用意していました。選ばれた材料では、皮付きの豚肉と、いろいろな野菜の中でほうれん草が際立っていました。この二つは主役になると思いました。

豚三枚肉をメインディッシュにするのは簡単で、塊の豚三枚肉を大きく切ってフライパンでこんがりと焼けばいいのです。そう韓国料理のサムギョプサル風。豚肉は唐揚げにもなるし、それを黒酢あんに絡《から》めた酢豚でもいいなと思っていました。ほうれん草はニンニク炒めか、蒸し茹でしておひたし。

その他の野菜は、ぜんぶ味噌汁にすればいいのです。一汁一菜の要《かなめ》になるのは味噌汁です。家庭料理では野菜をどう食べさせるか、どう料理するかが難しいもの、だから万能の具沢山の味噌汁はほんと役に立つのです。具沢山の味噌汁はおかずの一品を兼ねますから、一汁三菜の献立が今構想できました。

そのときには、私の混乱は始まっていたのです。

その構想をすべて話した上で料理してもよかったかもしれませんが、それをしてはいけない制約付きで、刻々と時間が過ぎていくのです。とにかく料理を始めなければいけません。手当たり次第、野菜の皮を剝《む》いたり、切ったり、調理台を片付けたりしながら、調理を始めたのです。

このとき、たしかに迷っていたのです。材料の汚れをシンクで洗い落としに行ったのか忘れましたが、画面から外れて水道のあるシンクに行きました……「せんせー、間《ま》ーをもたせといてくださいねー、おねがいしますよー」って叫んでいるのですから、ほんま、中島先生には気の毒なことしたなと思っているんです。「おねがいします」言われても、どないもこないもしようがありませんよね、せんせい、ほんとすみませン……。

パニックの中で起こっていたこと

一汁一菜の次のことをやらなければならなかったのです。私は、具沢山の味噌汁を封印して、シンプルな調理法に固執して、一汁一菜という大前提の旗を下ろすのです。するとたんに、料理の秩序を失っていたのです。

揺るぎなくなにかを支えていた心棒が抜け落ちたようでした。一汁一菜（という提案）以前に戻ってしまったのです。私は半ばパニック状態です。

行き場を失った野菜は、フライパンで焼き炒め……炒めものの基本を説明したものの……その後、どんなふうに調理を進め整えたのかよく覚えていないのです……豚肉はどうしたのかなあ……天ぷらにして、炒めた野菜と合わせて葛餡《くずあん》でとじれば酢豚にもなりますが、それでは中華料理に逃げることになるし、全体を焼き飯に仕立ててしまうやり方もあるし、あんかけ焼き飯に仕立てても、いやそれではきれいにならないとか、焼き飯に逃げたらあかんと頭の中で考えたことはよく覚えているのです。

和食らしく、説明した素材と調理法の組み合わせを実現するべく、まとめなければならなかったのです。前にも書いたとおり、「無意識性と意図性の乖離」という言葉を東大先端研の中邑賢龍先生に教わっていたのですが、私はたぶんそういう状態で、意識の人になって、手はただ脳に従っていたのです。

とりあえず加熱した豚肉と野菜につながりを持たせて一皿に盛り、ほうれん草は炒めて、ご飯をよそって、味噌汁を椀に入れたと思います。とりあえず整えて、ご飯を中心にした献立にしたと思います。いや、ほんまにぜんぜん覚えてないわ……。

オンラインイベントを終えて……しばらく茫然《ぼうぜん》としていたのです。ミシマ社のスタッフは「おもしろかったですー」とか言っているのですが、なにがおもしろかったのか、私としてはなにも伝えることができなかったと、不本意で……とても悔いが残ったのです。

なにも決めないで、打ち合わせもしないで、時間的制約のある料理教室を始めるなんて、そもそも無理だったのかと思っていたのです。そのショックは余程だったと思うのは、その二~三日後に、冷静になってから、このイベントの失敗を認める(この)文章を書き始めていたのです。

パンドラの箱が開いた

材料を選んだ中島先生は、私が具沢山の味噌汁をつくるようにすでに一汁一菜を想定して材料を選んでいたのではないか、材料を選びながら中島先生は同様にある献立を想定（構想）されていたのではないかと思うのですが、それはわかりません。

レシピどおりつくるのは、昨日の自分に頼ること、それではなにも新しい自分が生まれない。それはクリエイションではない。新しい自分が見たいのだと、自由に料理するところに楽しみがあるのです。予定調和でない、狙いのない、即興劇の偶然に、発見や発明という不思議が起こるのです。

そうしたことが生まれる環境をつくるには、前提として、私自身が平常心でなければいけません。緊張したり、作為を働かせたり、うまくやろうなんて思うとすぐにだめになってしまいます。それがまずできていなかった。女子柔道のオリンピック金メダリスト・松本薫さんが試合に臨む姿勢を「心をつくらない」と言っていますが……さすがに只者《ただもの》じゃない……その表現は私にはとてもわかりやすい。これから事に臨むときはそういう感じになれたらいいなと思います。

後日、中島先生がご家族でうちに遊びに来てくださったとき、オンライン料理教室の残念であったことを話して「もう一度やらしてください」とお願いしたのですね。

家族がいらっしゃったので話が途切れて、その返事を聞けなかったのですが、先生もなにか思うところがあったのかもしれません。

オンラインイベントから二カ月ほど経ちました。このイベントの結末を妻と話していたのです。すでに笑い話になっていたのですが、そのときの私の様子を見ていた彼女は、そのときパンドラの箱が開いたのだと言うのです。

その言葉に驚きましたが、まさにそのとおり。それまでパンドラの箱を封印していたのは、一汁一菜だったのです。ありとあらゆる悪ではないにしても、料理の苦しみや辛さ、私たちを惑わしていたあらゆる情報が閉じ込められた箱の蓋を、私は開けてしまったのです。

有限に守られて幸せになる

私は一汁一菜の次をやりたいと考えていたのですが、先に進むにも核心は一汁一菜にあったのです。一汁一菜が食を初期化し、食の秩序を取り戻していたのだとわかったのです。

ちょうど斎藤幸平さんの『ゼロからの「資本論」』を読んでいるときで、ベーシックインカムも資本主義の負の連鎖を止められないことを知って、資本主義の手強さを考えていたときでした。

いや、私の意見に斎藤さんがなんと言うかはわかりません。でも一汁一菜は、行き詰まった資本主義の負の連鎖を断ち切ることができるのです。一人の人間は弱いですが、一汁一菜を実行するちっぽけな人間が増え大きな力となれば、負の連鎖を断ち切ることができると思うのです。お金という現実に対抗できるのは料理という現実だけです。

そうして一人ひとりが少し身を小さくして慎《つつ》ましく生きればいいのです。贅沢に慣れた私たちにとって、それは難しいことかもしれませんが、それは後退ではありません。しばらく忘れていた心の豊かさの再発見です。一汁一菜は、だれでもすぐに一人で始められるのです。しばらく続けていれば、新しい価値観が自分の中に生まれていることに気づくでしょう。

「有限の無限」。これも中邑先生に教わった言葉で、先にも紹介しましたが、人間は有限を知ることで、有限に守られて幸せになるのです。

お天道様がつくる秩序を、河井寛次郎は「この世このまま大調和」と表現したのです。一人の人間の裏表、一人の人間にある多様性を知ることです。

環境危機は地球の危機、人類の危機です。そんな時代に生きる私たちは、なにをするべきかたぶん知っていますよね。あとは、若い人たちのために、まだ生まれていない子どもたちのために、それを実行するかどうかだけのことですね。

未来は私たち自身が選択したとおりの結果になると思います。

あとがき

「味つけはせんでええ」いうのは、「食べられるようにすればいい」という、和食文化の根底にある「なにもしないことを最善とする」思想です。和食において味つけは重要なことではありません。「素材を生かす」というのはそういう意味なのです。

もともと私たちが持っていた日本的なものの考え方を大事にしないで、西洋に傾倒してから、「味つけすること以後」が料理になったのです。今の私たちの料理がそうなってしまったのだとすれば、「私たちは何者なのか」ということになります。

自己を他者に説明できないということは、他者を理解できないということです。自分が何者かわからないと、イデオロギーに取り込まれやすくなる。つまり自律できなくなる。自律できないと、自分の行くべき道を選べなくて、大多数の意見に従うことが安心だからと群れに入ろうとするのです。

それは個人としての生きる戦略がないってことです。私たちは鉄人28号なんですね。ちょっと古いですが、そういうテレビアニメが昭和三十年代にありました。鉄の塊のロボットが空を飛んで、〝鉄人！ 鉄人！ どこへゆく♫〟とオープニングで軽快なリズムで歌われていました。鉄人28号はリモコンで操作するので、リモコンが悪の手に渡れば簡単に悪の手先になります。歌の中には〝♪あるときは 正義の味方 あるときは 悪魔のてさき いいも わるいもリモコンしだい♫〟という歌詞もあるのです。

どう生きていいかわからない若者に向かって「お金を基準にして損得で判断するのがいいのだ」と言う人がいます。「そんなことはおかしいでしょ」って思っている人は多いと思います。お金を基準にするのは間違いです。

そうではなくて「料理を基準にして判断するのがいいのだ」と言ってみたいと思います。

この本に収められた文章は、コロナ禍になって、私たちの生活が変わって、だれが自分を守ってくれるのだ、などと思い、生きづらさを感じ始めるようになってから、書いたものです。

おいしいってなんだ。基準ってなんだ。生きるってなんだ。なにがいいことか悪いことかわからない。だけど一生懸命生きることだけが大切なのです。

みなさまの幸せを心より願います。

二〇二三年九月九日

土井善晴

初出
本書は、『生活者のための総合雑誌　ちゃぶ台』（ミシマ社）の6号〜11号（二〇二〇年十一月〜二〇二三年六月、半年に一度刊行）に掲載されたものに加筆・修正のうえ、再構成したものです。

日本音楽著作権協会（出）
許諾第二三〇七二三二－三〇一号

土井善晴（どい・よしはる）

1957年大阪生まれ。料理研究家。十文字学園女子大学特別招聘教授、東京大学先端科学技術研究センター客員研究員、甲子園短期大学客員教授。スイス・フランスでフランス料理、味吉兆（大阪）で日本料理を修業。1992年においしいもの研究所設立。料理とは何か・人間はなぜ料理をするのか・人間とは何かを考える「食事学」「料理学」を広く指導。2016年刊行の『一汁一菜でよいという提案』が大きな話題に。2022年度、文化庁長官表彰受賞。ミシマ社から中島岳志との共著『料理と利他』『ええかげん論』を上梓。

味つけはせんでええんです

二〇二三年十月二十日　初版第一刷発行
二〇二四年三月十九日　初版第六刷発行

著　者　土井善晴
発行者　三島邦弘
発行所　（株）ミシマ社
〒一五二-〇〇三五　東京都目黒区自由が丘二-六-一三
電　話　〇三（三七二四）五六一六
ＦＡＸ　〇三（三七二四）五六一八
e-mail　hatena@mishimasha.com
ＵＲＬ　http://www.mishimasha.com/
振　替　〇〇一六〇-一-三七二九七六

デザイン　漆原悠一（tento）
装　画　鈴木康広
印刷・製本　（株）シナノ
組　版　（有）エヴリ・シンク

ISBN 978-4-909394-94-1